당신은 세상에서 가장 소중한 사람입니다.

사랑하는 _____ 에게

....

....

....

드림

설교에 맛을 내는 예화13 겸손

초판 1쇄 인쇄 | 2012년 3월 1일
초판 1쇄 발행 | 2012년 3월 1일

지은이 | 출판기획팀
교 정 | 최화숙
편 집 | 최영규
펴낸이 | 정신일
펴낸곳 | 크리스천리더
주 소 | 부천시 원미구 중동 667-16 (2층)
연락처 | ☎ (032)342-1979 fax.(032)343-3567
홈페이지 | www.cjesus.co.kr
총 판 | 생명의 말씀사 (02)3159-8211
등 록 | 제2-2727호(1999. 9. 30.)
　　　 ISBN 978-89-6594-016-6 04230
　　　 ISBN 978-89-93273-63-2 (세트)

값 5,800원

저자와의 협약 아래 인지는 생략되었습니다.
이 출판물은 저작권법에 의해 보호를 받는 저작물이므로
무단전재와 무단복제를 할 수 없습니다.

■잘못된 책은 구입하신 곳에서 바꾸어 드립니다.

설교에 맛을 내는 예화 13

Preaching with good Story

[겸손 · 교만]

CLS 크리스챤리더

추천사

설교에 맛을 내는 예화

　목회자가 하나님의 말씀을 쉽게 전달하기 위해서는 참신하고 호소력 있는 예화들이 필요하다.

　그러나 우리는 예화 자료를 얻기가 쉽지 않다. 설교를 준비해 본 사람이면 예화자료의 부족으로 한 두 번쯤은 고민해 본 경험을 갖고 있을 것이다.

　사실, 우리는 기독교 서점에 나가보면 이런 저런 형태의 예화집들을 쉽게 대하게 된다. 그럼에도 이 예화집에 기대를 거는 것은 주제별로 예화를 묶는 것에 있다.

　한가지 소재를 가지고 설교 원고를 작성했을지라도 그 주제에 꼭 알맞은 예화를 선택하는 데는 시간을 필요로 한다.

　그런데 동일한 주제에 맞는 예화들을 1백편 이상 추려서 한 권의 책으로 엮는다니 얼마나 좋은 아이디어인가!

　우리는 예수님께서 천국복음을 전파하실 때, 아주 적절하게 예화를 사용하셨음을 알고 있다.

　본문을 풍성하게 해주는 적절하고 은혜로운 예화의 사용은 성도들에게 설교의 성패를 좌우할 수 있다.

설교에 있어서 예화의 사용은 설교의 문을 여는 역할을 하며 윤활유와 같다. 교회를 담임하고 평생을 설교를 해온 본인의 경험으로는 하나님의 말씀을 듣기 전에 대하게 되는 예화가 강단에 끼치는 영향은 매우 크다고 할 수 있다.

우선, 성도들이 설교를 이해하는데 도움을 주고, 둘째로 설교의 내용을 오래 기억하게 하며, 셋째는 설교를 되새길 수 있는 여유를 주는 까닭에 설교에 있어서 없어서는 안 되는 요소라 하겠다.

목회자들의 강단과 성도들의 은혜를 고려한 예화를 엮는 작업에 있어서 한치호 목사는 부족함 없는 사람이다.

그는 지금까지의 삶을 하나님의 종으로서 훌륭한 모습을 보여 왔기에, 그의 인품을 보아 좋은 책을 엮어 내리라고 기대하며, 즐거운 마음으로 추천한다.

이충선 목사(경기노회 전노회장, 예장합동)

차 례

추천사 이충선 목사
들어가는 글

1. 겸손한 자는

1. 벤저민 프랭클린의 덕목_18
2. 슈바이처의 겸손_20
3. 겸손을 통한 평화_22
4. 겸손이란_24
5. 겸손한 삶_26
6. 겸손한 생애_28
7. 겸손한 위인들_30
8. 휫필드와 웨슬리_32
9. 링컨의 구두_34
10. 낮아짐의 능력_36
11. 이웃을 위한 겸손_38
12. 겸손은 더욱 존귀하게_40
13. 노 수도사의 겸손_42
14. 위대한 신앙_44
15. 존대 받게 하는 겸손_46
16. 미국과 유네스코_48

17. 겸손한 삶_50
18. 올리버 크롬웰과 원숭이_52
19. 맹사성의 겸손_54
20. 쿠크 선장의 겸손_56
21. 온유, 겸손_58
22. 다 나 때문이야_60
23. 추앙받은 미국 퍼스트레이디_62
24. 박찬호 선수의 겸손_64
25. 링컨의 겸손_66

2. 자기를 낮추는 자는

1. 지는 것이 이기는 것_70
2. 섬기는 지도자_72
3. 겸손한 삶의 기쁨_74
4. 가장 보잘 것 없는 존재_76
5. 화장실을 청소하는 학장_78
6. 대통령의 어머니_80
7. 예수 이름으로_82
8. 과대광고의 허실_84
9. 웨스트민스터 고등학교_86
10. 남에게도 있는 것_88
11. 성공은 섬김이다_90
12. 싸움의 원인_92

13. 있는 모습 그대로_94
14. 마음을 비우지 않으면_96
15. 지혜로운 자와 어리석은 자_98
16. 유명한 것, 훌륭한 것_100
17. 자신을 낮추는 사람_102
18. 백인부부_104
19. 그림자에 속은 사람_106
20. 유태 속담_108
21. 예수님의 마음_1110
22. I'm OK, You're OK_112
23. 높임을 받는 겸손_114
24. 부족한 겸손_116
25. 사역의 고초_118

3. 그리스도에게 복종

1. 오만한 나귀??_122
2. 자기 자신을 다스리는 자기 규범_124
3. 할랜드 샌더스_126
4. 성 프란체스코의 겸손_128
5. 요리사 수도원장_130
6. 제럴드 무어_132
7. 오래된 구두_134
8. 작은 사람의 겸손_136

9. 겸손의 능력_138
10. 담장 위의 거북이_140
11. 아래로 가는 사람들_142
12. 나는 항상 배우는 사람이다_144
13. 겸손과 호의_146
14. 작은 부분까지도 겸손하게_148
15. 겸손함과 비굴함의 차이_150
16. 마리안 앤더슨_152
17. 남을 낮게 여기며_154
18. 스타에서 코치로_156
19. 철가방을 든 호랑이_158
20. 교만은 패망의 선봉_160
21. 스파르타 vs 아테네_162
22. 교만에 관한 명언_164
23. 겸손에 관한 명언_166
24. 무신론자의 교만_168
25. 문명의 바벨탑_170

4. 교만하여

1. 원숭이 한 마리_174
2. 하나님의 사인_176
3. 교만한 자_178
4. 칭찬과 교만_180

5. 교만이라는 유전병_182
6. 장담하던 워터루 전투_184
7. 똑똑한 사람_186
8. 스스로 지혜롭다고 착각_188
9. 정자나무 이야기_190
10. 잘못된 박제_192
11. 교만과 자존심_194
12. 거만한 마음_196
13. 공허로 끝나는 자화자찬_198
14. 미덕과 허영_200
15. 예쁜 여자와 추한 여자_202
16. 본전도 못 건지는 자랑_204
17. 혈통을 자랑하지 말라_206
18. 꼬리사랑_208
19. 존 우든 코치_210
20. 응답을 가로막는 교만_212
21. 교만하지 말라_214
22. 성자의 이름을 가진 교만_216
23. 네 강의 자랑_218
24. 엄마의 최우선 관심_220
25. 부활 찬송과 루이 14세_222

겸손은...

겸손은 다른 사람을 사랑하는 마음에서

자연스럽게 우러나오는 것이어야 한다.

다른 사람을 사랑한다는 것은

하나님의 시각으로 다른 사람의 가치를 보는 것이다.

또한 진정한 겸손은 그리스도 안에서 우리 자신의 가치와

우리 삶의 독특한 목적을 이해하는 것을 의미한다.

그러할 때 우리는 다른 사람의 성공을

진심으로 축하해 줄 수가 있다.

이는 하나님은 우리의 필요와 사명에 따라

각기 다른 방법과 다른 시기에

우리를 축복하는 분이라는 사실을 알기 때문이다.

-릭 워렌의 '공동체를 세우는 삶' 중에서-

설교에 맛을 내는 예화13 - 겸손 • 교만

겸손한 자에게는 지혜가

겸손이라는 라틴어 'Humilitas'는 어원적으로 '땅' 혹은 '흙'으로부터 왔다. 땅은 누구나 다 밟고 다닐 만큼 낮고 천하다. 배설물이나 쓰레기를 비롯한 모든 더러운 것을 있는 그대로 품는다.

땅에는 결코 차별이 없다. 겸손한 사람 역시 성이나 지위, 빈부, 인종 등등을 따지지 않고 있는 그대로 받아들인다.

"만일 누가 아무 것도 되지 못하고 된 줄로 생각하면 스스로 속임이라"(갈 6:3).

겸손이란 하나님께서 천지만물을 창조하시고 다스리시는 만유의 통치자가 되신다는 지식과 그의 피조물 가운데 하나인 우리 인생은 참으로 아무 것도 아니요, 또 아무 것도 할 수 없다는 것을 깊이 깨닫고 우리 자신을 완전히 버리고 하나님께만 의지함으로써 우리의 모든 것을 하나님께 드려야 한다는 것을 확실히 아는 지식에서 나오는 것이며 거기서 겸손의 힘이 생기는 것이다. 우리가 그리스도의 겸손을 생활을 통해 우리의 이웃에게 나타내지 못한다면 하나님 앞에서의 우리의 겸손은 무가치한 것이 되고 만다.

겸손의 참 의미

그렇다면 겸손이 의미하는 것은 무엇인가? 그것은 하나님을 의지하는 것을 말한다. 피조물인 인간이 창조주 하나님께 온전히 전적으로 의탁할 수밖에 없음을 인정하는 것이다. 그러나 하나님이 우리를 지으셨다는 사실을 인정하는 것만으로는 충분치 않다.

겸손의 의는 우리와 하나님의 관계에서 얻어진다. 그것은 친구로서, 용서와 자비의 유일한 공급처로서 그리고 인생의 모든 중요한 결정의 때마다 상담과 안내를 하시는 분으로서 날마다 하나님을 바라보는 것이다.

그렇기 때문에 우리는 모두 하나님 앞에서 겸손을 배워야 하는 것이나. 권세에 대해서 섬손해야 하고 자기의 학문에 대해서 겸손해야 하고 자기의 부에 대해서 겸손해야 하고 젊음에 대해서 겸손해야 하고 미모에 대해서 겸손해야 하는 것이다.

예수님의 겸손

겸손의 모범을 보이셨던 예수님, 제자들의 발을 씻기시던 그리스도의 정신이야말로 우리로 하여금 가장 작은 자라도 높이는 일, 즉 다시 말하면 피차에 종이 되는 일을 하게 한다. 겸손한 사람에게는 시기와 질투란 있을 수 없다.

겸손한 사람은 자기 앞에서 다른 사람들이 섬김과 존경받을 때 기쁨으로 하나님을 찬양한다. 다른 사람은 칭찬을 받고 자기는 오히려 멸시 천대를 받고 무시를 당해도 참을 수 있다.

겸손은 낮은 곳에서 할 수 없이 낮아질 수밖에 없는 것이 아니라, 그러함에도 불구하고 낮아지는 모습이 참된 겸손이라고 할 수 있다.

자신이 지닌 위치나 소유나 입장을 내세워 엎드리지 못하는 사람들이 있다. 그래서 은혜를 받지 못한다. 고넬료보다 더 위대한 조건들을 가지고 있음에도 불구하고, 자신을 낮추고 엎드리는 사람들이 있다. 그들은 넘치는 은혜를 체험하게 된다.

교만이 오면 욕도 오거니와 겸손한 자에게는 지혜가 있느니라(잠언 11:2).

그러면서 낮아지는 곳과 때를 아는 것에 지혜가 필요하며, 늘 나보다 남을 낮게 여기는 마음이 낮아지신 예수님을 본받는 길이다.

그러나 더욱 큰 은혜를 주시나니 그러므로 일렀으되 하나님이 교만한 자를 물리치시고 겸손한 자에게 은혜를 주신다 하였느니라(약 4:6).

01
겸손한 자는

겸손한 자는 먹고 배부를 것이며 여호와를 찾는 자는 그를 찬송할 것이라 너희 마음은 영원히 살지어다(시 22:26).

01 | 벤저민 프랭클린의 덕목

벤저민 프랭클린이 22살이었을 때에 스스로 반문하기를 '내 인생에서 가장 우선순위에 있는 일이 무엇일까?'

이런 자기반성을 거쳐 12가지 덕목들을 뽑아 자신의 좌우명으로 삼았다.

하나, 절제 : 과음 과식을 하지 않는다.

둘, 침묵 : 자신과 타인에게 도움이 되지 않는 말을 하지않는다.

셋, 질서 : 물건을 제자리에 놓고 일은 알맞은 시간에 한다.

넷, 결단 : 해야 하는 일은 꼭 완수한다.

다섯, 절약 : 비싼 것은 사지 않는다. 다른 사람과 자신에게 좋은 것이면 산다.

여섯, 근면 : 시간은 헛되이 쓰지 않는다.

일곱, 성실 : 남을 해치는 책략을 사용하지 않는다.

여덟, 정의 : 남의 권리를 침해하거나 손해를 입히지 않는다.

아홉, 중용 : 극단은 피한다.

열, 청결 : 몸, 옷, 집이 불결한 것은 용납하지 않는다.

열하나, 평정 : 사소한 일에 화를 내지 않는다.

열둘, 순결 : 성을 남용하지 않고 건강과 생산을 위해서 사용한다.

프랭클린은 이상의 12가지를 적어서 목사님에게 보여주었다. 그러자 목사님은 "다 좋은데 한 가지가 빠졌군요. 바로 '겸손' 입니다. 이 12가지를 다 이루었다고 해도 '겸손' 이 없으면 12가지를 다 잃은 것과 마찬가지입니다."

프랭클린은 목사님의 말씀을 듣고 가장 첫 번째 항목에 겸손을 넣고 '예수 그리스도와 소크라테스를 본받는다.' 고 적었다. 그리고 자신의 생활 단위를 13주 단위로 구분하여 매주 한 항목씩 묵상하고 자신에게 적용하려고 힘썼다고 한다.

 예화와 관련된 말씀

사람들이 너를 낮추거든 너는 교만했노라고 말하라 하나님은 겸손한 자를 구원하시리라(욥 22:29).

02 | 슈바이처의 겸손

20세기의 예수라고 불리는 슈바이처 박사는 아프리카 검은 대륙의 랍바네대 병원에서 죽어가는 생명들을 위하여 그의 모든 것을 바치고도 부족하다고 생각되어 모금을 통해 병원유지비를 충당하였다.

한번은 모금을 하기 위하여 그의 고향에 돌아올 때 고향역에 많은 친척친지와 동료들이 영접하러 나와 있었다.

열차가 고향에 도착했을 때 맞으러 나온 환영객들은 1등, 2등실에서 슈바이처 박사가 나오기를 기다렸다.

그러나 그는 맨 뒷간 3등 열차에서 걸어서 나오고 있었다. 영접 객들은 박사에게 달려갔다.

"박사님, 1등실 안타시고 왜 불편하시게 3등실을 타고 오셨습니까?"

슈바이처 박사는 웃으면서 대답하였다.

"4등실이 없어서 어쩔수 없이 3등실을 타고왔어요."

하고 더 낮은 자리가 없음을 아쉬워하였다고 한다.

1등실을 타고 왔어도 아무도 뭐라고 할 위치도 인격도 아닌 그였지만, 오히려 더 낮아지는 모습을 통해 사람들은 감동을 받았다.

이처럼 겸손한 자는 존경을 받는다. 보화는 낮은데 묻어 있고 물은 낮은 골짜기로 흐른다.

예화와 관련된 말씀

여호와여 주는 겸손한 자의 소원을 들으셨사오니 그들의 마음을 준비하시며 귀를 기울여 들으시고(시 10:17).

겸손한 자는 먹고 배부를 것이며 여호와를 찾는 자는 그를 찬송할 것이라 너희 마음은 영원히 살지어다(시 22:26).

03 | 겸손을 통한 평화

어느 나라에 정원을 무척 아끼고 사랑하는 왕이 있었다. 이 왕은 정원에 있는 모든 나무, 풀, 꽃 하나하나를 정성으로 가꾸었다. 그러던 어느 날, 왕이 아침에 정원을 나가 보니 모든 나무들이 시들어 있는 것이었다. 왕은 문 옆에 서 있는 떡갈나무에게 그 이유를 물었다.

"떡갈나무야, 무슨 일이 있었니? 도대체 왜 다들 시들어 있지?"

"나무들이 서로 자기가 다른 나무보다 못하다고 실망하고 있어요. 소나무는 자신이 포도나무처럼 열매를 맺지 못한다고, 포도나무는 복숭아나무처럼 똑바로 서서 열매를 맺지 못한다고 낙담하고 있습니다. 또 제라니움은 라일락처럼 날씬하지도 못하고, 향기도 없다고 불평입니다."

그런데 모두 시들어 있는 중에도 유독 생기 있고 아름다운 꽃이 하나 있었다. 그 꽃은 바로 팬지(Heart-peace)였다. 왕은 그 꽃에게 물었다.

"팬지(마음의 평화)야, 다들 슬픔 속에서 시들어 가고 있는

데 너는 작은 꽃이지만 꿋꿋하게 자라는 것을 보니 짐의 마음이 매우 기쁘구나!"

"네, 고맙습니다. 저는 원래 볼품이 없는 꽃이잖아요, 하지만 왕께서 떡갈나무나 소나무나 복숭아나무 혹은 라일락을 원하셨다면 저를 뽑아 버리고 그들을 심었을 것이라는 것을 알아요. 왕께서 저를 심으신 것은 저를 보시면서 마음에 평화를 느끼기 위함이란 것도 알지요. 그래서 저는 왕께서 저를 보시면서 마음의 평화를 느끼시도록 최선을 다해야겠다고 결심했어요."

왕은 이후로 더욱 팬지꽃을 아끼고 사랑했다.

이 우화의 교훈처럼 겸손한 사람은 어떤 외부적인 악조건 속에서도 자신의 마음의 평화를 지켜간다. 또 이웃에게 평화의 마음을 전해주는 삶을 사는 것이다.

 예화와 관련된 말씀

여호와께서 겸손한 자들은 붙드시고 악인들은 땅에 엎드러뜨리시는도다(시 147:6).

04 | 겸손이란

빌립 네리는 16세기의 아주 훌륭하고도 지혜로웠던 그리스도인이었는데, 그에게는 다음과 같은 이야기가 전해지고 있다.

교황은 로마 부근 수도원에 있던 어느 수련 수녀가 갈수록 명성을 얻게 되자 네리를 시켜 그 이유를 조사하도록 했다. 그녀는 성녀로서 평판이 나 있었다.

네리는 노새를 타고 한겨울 진흙과 수렁 속 길을 달려 수도원에 다다랐다. 그는 사람을 시켜 그 수련 수녀를 오도록 하였다. 그녀가 방에 들어왔을 때, 그는 그녀에게 오랜 여행 때문에 진흙범벅이 된 그의 신발을 벗기라고 말했다.

그녀는 화가 나서 뒤로 물러나서는 그런 천한 일을 하지 않겠다고 했다. 그토록 명성을 얻고 있는 자신이 그런 일을 요구받다니, 그녀는 생각만 해도 화가 났다. 네리는 더 이상 말하지 않았다. 그는 그 수도원을 떠나 로마로 돌아왔다.

그는 교황에게 말했다.

"이젠 놀라실 것 없습니다. 거기는 성녀가 없어요. 왜냐하면 겸손이 없기 때문입니다."

뜻밖이라고 생각할지 모르겠지만, 겸손을 쓸데없는 것으로 여겨 바라지도 않는 사람들도 있다.

사람들은 겸손을 연약한 것으로 간주한다. 사람들은 그들의 실수를 인정하거나 용서를 구하는 것을 원하지 않는다. 겸손은 그리스도를 닮는 것이다. 그러나 주위의 사람들이 주님과 같이 되기를 바라지 않는 사람들도 있다.

예화와 관련된 말씀

진실로 그는 거만한 자를 비웃으시며 겸손한 자에게 은혜를 베푸시나니(잠 3:34).

05 | 겸손한 삶

케네디가 죽고 나서 기독교의 어느 잡지에 이런 기사가 실렸었다.

'그렇게도 젊고 그렇게도 멋있고 그렇게도 용기 있는 뉴 프론티어의 기수가 그렇게 갑자기 우리 눈앞에서 사라지다니' 그리고는 그 잡지에 계속해서 하는 말이 'You may be the next (당신이 바로 그렇게 될지 모른다.)'라고 경고를 했다.

돈이 많아서 세계 지상에서 제일 영화를 누렸던 팔레비 왕도 이 지구상에서 몸 둘 곳이 없었고, 페론이라든가 포카사라든가 아민이라든가 소머사라든가 이런 사람들이 우리 눈앞에서 하나 둘씩 갑자기 사라져 갔고, 인류의 거성들과 한때는 세계를 주름 잡던 사람들이, 그 중심에 전혀 하나님을 모르던 그 많은 사람들이 낮게 누워서 하나님의 심판을 기다리는 것을 많이 볼 수 있다.

스탈린의 딸은 미국에 망명해서 스탈린이 죽는 최후의 모습에 대해서 증언하기를 '무엇을 본 것처럼 무섭게 눈을 부릅뜨고 무엇을 잡아당기려고 하는 그런 모습으로 소리를 지르고 분노하며 미친 사람처럼 행동과 표정을 하고 죽어 갔다.'고 했다.

스탈린도 그렇게 우리 눈앞에서 사라졌다.

우리는 모두 하나님 앞에 겸손을 배워야 한다.

권세에 대해서 겸손해야 하고 자기의 학문에 대해서 겸손해야 하고 자기의 부에 대해서 겸손해야 하고 젊음에 대해서 겸손해야 하고 미모에 대해서도 겸손해야 한다.

 예화와 관련된 말씀

여호와를 경외하는 것은 지혜의 훈계라 겸손은 존귀의 길잡이니라(잠 15:33).

06 겸손한 생애

에든버러 대학의 제임스 심프슨 경은 진통제를 발견해서 고통 없이 수술을 받게 했다. 그것은 의학계의 노벨상감이고 대 발견이었다. 그의 강의 시간에 한 학생이 노교수 심프슨 경에게 물었다.

"선생님의 생에게 가장 뜻 깊은 소중한 발견 한 가지를 들라고 하면 무엇을 들겠습니까?"

그는 한참 동안 머리를 숙이고 있다가 이런 말을 했다.

"나의 생애에 있어서 가장 소중한 발견은 나는 죄인이라는 사실과 예수님이 나의 구주라는 사실을 발견한 것입니다."

천국 보화는 낮은 곳에서 찾을 수가 있다. 어느 발명도 독창은 없다. 전 인류의 공동 발명인 것이다. 인류가 발견하고 발명하고 경험한 모든 것의 그 위에다 그것을 토대로 해서 조그마한 발견하나를 하는 것이 발명이다.

노예를 조상으로 가지지 않은 왕은 한 사람도 없다. 왕을 조상으로 가지지 않은 노예도 한 사람도 없다.

강도나 살인자를 조상으로 가지지 않은 성자도 없다. 성자를 조상으로 가지지 않은 살인자나 강도도 없다. 거지를 조상으로 가지지 않은 부자도 없고, 부자를 조상으로 가지지 않은 거지도 없는 것이다.

그러므로 우리는 언제 어디서나 겸손의 마음을 놓지 말아야 한다.

 예화와 관련된 말씀

> 겸손한 자와 함께 하여 마음을 낮추는 것이 교만한 자와 함께 하여 탈취물을 나누는 것보다 나으니라(잠 16:19).

07 | 겸손한 위인들

 만유인력을 발견한 아이작 뉴튼은 자신에 대해 다음과 같이 이야기한 적이 있다.

 "내가 우주에 관해 아는 지식은 바닷가에서 노는 아이들이 바다의 신비에 대해 아는 지식보다 적거나 아니면 그와 비슷할 것이다."

 이런 겸손의 모습은 슈바이처 박사에게서도 찾을 수 있다. 그가 선교하기 위해 아프리카로 가서 병원을 지을 때, 나무를 베고 운반하고 못질하는 일을 직접 했다.

 그때 혼자 그 많은 일들을 감당하기 어려웠던 슈바이처는 옆에 있던 한 청년에게 도움을 청했다.

 그러자 그 청년은 "저는 지식인이어서 그런 일은 할 수 없습니다. 그런 막일은 못 배운 사람들이나 하는 겁니다." 라고 대답했다. 이에 슈바이처는 다음과 같이 말했다.

 "나도 자네만 할 때는 그렇게 생각했다네. 그러나 웬만큼 배웠다 싶으니까 이젠 아무 일이나 다 하겠더군."

 세계의 성자로 추앙 받고 있는 알버트 슈바이처 박사가 그 당시 지식인들이 꺼려하던 막일을 했다는 것은 그의 겸손을 보여주는 좋은 일례이다. 일찍이 그리스도께서는 우리에게 이렇듯 자신을 낮추는 겸손의 본을 보이셨다.

이 같은 주님의 겸손이야말로 그리스도인들이 본받아야 할 모습이다.

예화와 관련된 말씀

무엇보다도 뜨겁게 서로 사랑할지니 사랑은 허다한 죄를 덮느니라(벧전 4:8).

08 | 횟필드와 웨슬리

감리교의 창시자는 존 웨슬리와 조지 횟필드이다. 두 사람은 목회의 방법이 같았고 구령의 열정도 똑같았다. 그러나 신학에 대한 이해는 달랐다.

하루는 이 두 사람의 신학이 다르다는 사실을 알았던 한 사람이 횟필드에게 이런 질문을 했다.

"목사님은 웨슬리 목사님과 신학과 진리에 대한 이해가 다른데, 목사님께서 천국에 가시면 웨슬리 목사님을 만나실 수 있을까요?"

그러자 횟필드 목사님이 이렇게 대답했다.

"아마도 우리는 천국에서 웨슬리 목사를 보지 못할 것입니다. 왜냐하면 웨슬리는 하나님의 보좌 가장 가까운 곳에 앉아 있을 것이고, 우리는 멀리 떨어져 있을 것이기 때문입니다."

온유한 횟필드의 대답이었다. 비록 신학이 다르지만 웨슬리 목사의 능력과 영향력을 인정한 횟필드 목사의 태도는 매우 훌륭하다.

우리는 조지 휫필드처럼 온유함과 겸손한 태도를 지녀야 한다. 경쟁자로 생각하여 상대방을 깎아내리거나 자신을 높이려고 하는 교만한 모습이 아닌 상대를 인정하는 겸손의 모습이다.

예화와 관련된 말씀

우리를 구원하시되 우리가 행한 바 의로운 행위로 말미암지 아니하고 오직 그의 긍휼하심을 따라 중생의 씻음과 성령의 새롭게 하심으로 하셨나니(딛 3:5).

그러나 더욱 큰 은혜를 주시나니 그러므로 일렀으되 하나님이 교만한 자를 물리치시고 겸손한 자에게 은혜를 주신다 하였느니라(약 4:6).

09 | 링컨의 구두

링컨 대통령은 어느 날 집무실에서 자기 구두를 직접 닦고 있었다. 그러자 그 모습을 본 보좌관이 말했다.
"대통령께서도 구두를 직접 닦습니까?"
이 질문에 링컨 대통령이 말했다.
"그러면 대통령이 되어 가지고 남의 구두까지 닦아줍니까?"
하지만 그 당시 "링컨 대통령은 시골뜨기라서 품위가 없다."라고 비난하는 무리들이 있었기에 비서는 대통령을 위해 충고를 할 때가 바로 그때라고 생각했다.
"각하! 대통령의 신분으로 그런 일을 하시면 좋아 보이지 않습니다."
이 말을 들은 링컨은 부드러운 미소를 지으며 말했다.
"신발을 닦는 것이 부끄러운 일인가? 세상에는 천한 직업이라고는 없다네. 다만 천한 사람이 있을 뿐이지."
링컨의 비서는 대답할 말을 찾지 못한 채 서있을 뿐이었다.

지금 이 사회를 지탱하는 가장 큰 힘은 무엇일까? 자신이 선 자리에서 묵묵하게 최선을 다해 살아가는 사람들의 희생일 것이다. 그들이 있기 때문에 사회는 건강을 유지하고 있다. 높은 자리에 앉아서 대접 받기만 바라는 현대인들에게 링컨의 구두는 말하고 있다.

"정말 아름다운 것은 자신을 낮추었을 때 빛나는 것이라고…."

우리들은 세상 속에서 살아가면서 진정으로 자신을 낮추려고 노력하는지 늘 반성해야 한다. 그렇게 해야만 사람들을 설득할 수 있고 전도할 수 있다.

예화와 관련된 말씀

나의 간절한 기대와 소망을 따라 아무 일에든지 부끄러워하지 아니하고 지금도 전과 같이 온전히 담대하여 살든지 죽든지 내 몸에서 그리스도가 존귀하게 되게 하려 하나니(빌 1:20).

10 | 낮아짐의 능력

 거지 아버지와 아들이 있었다. 홍수가 나서 온갖 물건들이 다 떠내려갔다. 가구, 냉장고, 텔레비전….
 이것을 물끄러미 쳐다보던 아들이 아버지에게 말했다.
 "아버지, 우리는 참 행복해요. 홍수가 나도 잃을 것이 없으니!" 아버지가 말했다. "그게 다 아버지 잘 둔 덕이다."
 잃을 것이 없을 때 오히려 자유로움을 느낀다.
 개그맨 신상훈씨가 쓴 책에 보면 한 살부터 123세까지 나이별로 특징을 적어 놓았다. 86세에는 짠 음식 먹는 것을 신경 쓰지 않아도 된다고 한다. 이미 그런 것을 걱정할 나이가 지났기 때문이다.
 92세에는 야생버섯을 마음껏 먹어도 된다고 한다. 독버섯 먹어서 죽을 확률이나 자연사할 확률이 거의 비슷하기 때문이다. 나이 드는 것은 두려움의 문제가 아니다. 나이 듦이 오히려 더 자유롭게 된다는 생각을 하게 되었다. 쥐고 있는 것을 다 내려놓으면 오히려 더 강력하고 자유로운 인생을 살 수 있다.
 더 가지려고 하는 것, 쥐고 있는 것이 오히려 내 자유를 속박

하는 것은 아닌가. 낮아지면 하나됨을 이룬다.

연합이 안 되는 이유가 무엇인가? 다툼과 경쟁심 때문이다. 헛된 영광을 추구하기 때문에 분열이 일어난다. 분열이 있던 곳에 하나됨이 이루어진다. 그 이유는 분명히 낮아지는 한 사람이 있었기 때문이다. 다툼과 허영의 치료제는 무엇인가?

그 힘은 오직 겸손한 마음에 있다. 겸손한 자는 다툼을 깬다. 겸손한 사람에게는 사람들이 모여든다.

겸손은 '하나님 앞에서 내 모습을 정직하게 보는 것'이다. 정직하게 자기의 모습을 보기만 해도 겸손해지지 않을 수 없다.

겸손한 자는 어떤 상황에서도 섭섭해 하지 않으며 화를 내지 않는다. 이등병이 화내는 것 봤는가. 병장쯤 되어야 화도 나는 것이다. 분노 속에는 숨겨진 교만이 있다.

겸손의 모습을 회복하라. 두려움도 사라지고 하나됨의 능력도 회복하게 될 것이다.

예화와 관련된 말씀

> 둘째는 이것이니 네 이웃을 네 자신과 같이 사랑하라 하신 것이라 이보다 더 큰 계명이 없느니라(막 12:31).

11 이웃을 위한 겸손

유명한 흑인 교육가 부커 워싱턴 박사가 있다. 그는 앨라배마에 있는 터스키기 대학교 총장으로 취임한 후 그 지역의 부자들이 살고 있는 동네를 산책하고 있었다.

그때 어느 백인 부인이 그가 워싱턴 박사인줄 모르고 그냥 지나가는 흑인이려니 해서 멈춰 세우고 몇 달러 줄 테니 장작이나 패달라고 요청했다.

총장은 그때 특별한 일이 없었고 시간에 여유가 있었기 때문에 웃으며 소매를 걷어붙이고 장작을 패서 그녀의 벽난로 옆에 차곡차곡 쌓아주었다.

일이 다 끝나 그가 돌아간 후 그 집 흑인 하녀가 그를 알아보고 주인에게 알려 주었다.

그 부인은 너무 부끄럽고 당황해서 다음날 아침에 총장실로 찾아가 백배 사죄했다.

그러자 부커 워싱턴 총장은, "부인, 괜찮습니다. 저는 가끔 가벼운 육체노동을 좋아합니다. 그 뿐입니까. 이웃을 위해 돕는 것은 언제나 기쁜 일이지요" 하며 위로를 했다고 한다.

　보통의 경우에는 나를 몰라보느냐는 둥, 내가 누구냐는 둥 하며 한껏 난리를 치고도 남을 상황이었을 텐데도 그는 겸손의 모습을 잃지 않았다.

　정말 겸손한 사람을 찾기란 쉽지 않다. 하나님은 자신을 낮추고 겸손한 사람을 세워주신다.

예화와 관련된 말씀

누구든지 자기를 높이는 자는 낮아질 것이요 자기를 낮추는 자는 높아지리라(마 23:12).

사람의 마음의 교만은 멸망의 선봉이요 겸손은 존귀의 길잡이니라(잠 18:12).

12 | 겸손은 더욱 존귀하게

 영국의 간호원이었던 나이팅게일은 1853년 크리미아 전쟁이 발발하자 자원하여 전쟁터로 나가 부상병을 간호하고 1만 3천명의 호열자 환자를 치료함으로 군인들로부터는 싸움터의 천사로, 또는 광명 부인이라는 이름을 얻게 되었을 뿐 아니라 전 세계의 찬사를 받게 되었던 것이다.

 그렇게도 참혹했던 크리미아 전쟁이 영국과 터키 연합군의 승리로 돌아오고, 러시아의 패전으로 끝이 나게 되자 나이팅게일이 영국으로 귀국하려 했을 때에 전 영국 국민들은 그녀를 전쟁의 영웅보다도 더 존귀하게 맞이하기 위하여 대대적인 환영 준비를 하였다.

 그러나 명예스런 훈장이나, 자기 영광받기를 즐겨하지 않은 나이팅게일은 영국으로 귀국하려던 예정을 바꾸고 1956년 8월 15일 아무도 모르게 프랑스로 가게 되었다.

 이와 같은 사실을 뒤늦게 알게 된 영국 국민들은 한때 크게 실망하였으나 나이팅게일의 겸손한 태도를 알고 더욱 그녀를 존중하게 되었던 것이다. 사람들에게 존경을 받을 수 있는 것은 권력이나 교만으로써가 아니라 겸손한 마음과 생활 태도로만 얻을 수 있음을 알게 하는 말이다.

우리나라의 위인전을 보면 김모재라는 사람이 자식들을 불러 앉히고 교훈하여 말하기를, "너희들은 일찍이 내가 오만한 태도로 다른 사람들을 비방하는 소리를 들어 보았느냐? 차라리 죽을지언정 나의 자식들 중에 그런 행실이 있다는 소리를 듣기 원치 않으니 너희들은 언제나 겸손함과 조심성을 가지라. 이것이 참사람의 위덕이니 그렇지 못하면 너희는 의복을 입은 짐승으로 세상을 마칠 것이라."고 교훈했다.

그리고 유대교의 경전인 탈무드를 보면 여호와께서 모세에게 계시하실 때에 높은 산이나 큰 나무들 중에 거하지 않으시고 볼품없는 가시덤불 속에서 말씀하신 것은 교만한 자보다 자기의 부끄러움을 아는 자 중에 거하시기를 즐겨하시기 때문이라고 기록하였다.

예화와 관련된 말씀

> 겸손한 자와 함께 하여 마음을 낮추는 것이 교만한 자와 함께 하여 탈취물을 나누는 것보다 나으니라(잠 16:19).

13 | 노 수도사의 겸손

성 브라더 로렌즈 수도사는 싸움이 제일 많기로 소문난 수도원에 원장으로 임명되었다. 그가 그 문제 많은 수도원의 문을 두드리자 젊은 수도사들이 몰려 나왔다. 그들은 백발이 성성한 노 수도사가 서 있는 것을 보고는 "어서 식당에 가서 접시를 닦으시오." 하고 말했다. 처음 부임한 수도사가 그런 일을 하는 것이 전통인 모양이었다.

그는 "네! 그러겠습니다." 라고 대답하고는 곧장 식당으로 묵묵히 걸어 들어갔다. 그는 한 달, 두 달, 석 달, 계속해서 접시를 닦았다.

그런 그에게 엄청난 멸시와 천대와 구박이 쏟아졌다. 석 달이 지나서 감독이 순시차 수도원을 들렀다. 젊은 수도사들은 그 앞에서 쩔쩔맸다. 그런데 원장의 모습이 보이지 않자 감독이 물었다.

"원장님은 어디 가셨는가?"

"아직 부임하지 않았습니다."

그러자 감독이 깜짝 놀라며 말했다.

"아니, 그게 무슨 소린가! 내가 로렌즈 수도사를 3개월 전에 임명했는데!"

감독의 말에 젊은 수도사들이 아연질색했다. 그들은 그 즉시 식당으로 달려가 노 수도사 앞에 무릎을 꿇었다. 그의 겸손으로 그 후부터 그곳은 모범적인 수도원이 되었다.

예화와 관련된 말씀

미움은 다툼을 일으켜도 사랑은 모든 허물을 가리느니라(잠 10:12).

그런즉 믿음, 소망, 사랑, 이 세 가지는 항상 있을 것인데 그 중의 제일은 사랑이라(고전 13:13).

누추함과 어리석은 말이나 희롱의 말이 마땅치 아니하니 오히려 감사하는 말을 하라(엡 5:4).

14 | 위대한 신앙

하이든(Joseph Haydn 1732-1809)은 런던의 웨스트민스터 대수도원에서 열린 '헨델 추모 음악회'에 참석하고는 '헨델'의 위대한 오라토리오 '메시아'를 듣고 깊은 감동을 받았다. 그리하여 헨델을 존경하게 되었고, 그 역시 오라토리오의 작곡에 몰입하게 된다. 빈에 정착하여 다시 에스테르하지 후작을 위한 일을 시작하면서, 오라토리오 '천지창조'의 작업에 들어갔다. 원래 성서의 창세기에 기초하여 '존 밀턴'의 서사시를 참고한 이 작품의 대본은 '고트프리트 판 슈비텐' 남작에 의해 독일어로 번역되었다.

1798년 4월 오라토리오 '천지창조'가 한 후작의 궁정에서 초연 되었다. 그 연주회장에는 하이든도 참석했다. 연주가 모두 끝난 후, 사회자는 이 곡을 작곡한 하이든 선생이 이 자리에 참석하였다고 소개하였다. 모든 청중들은 일제히 자리에서 일어나서 하이든에게 우레 같은 박수를 보냈다. 그때에 하이든은 하늘을 우러러보면서 이렇게 말했다.

"이 작품은 나에게서 나온 것이 아니라 하나님께로부터

온 것입니다."

모든 영광을 하나님께 돌리는 깊은 신앙이 그로 하여금 대작을 작곡하게 한 영감의 근원이 될 수 있었던 것이다.

그는 작곡을 마칠 때마다 각 작품의 끝에다 "하나님께 영광을(Laus Deo)"이라고 써넣음으로써 진정한 그의 마음을 표현하였다. 어떤 의미로 하이든의 모든 작품은 천상의 아버지를 찬미하고 그에게 감사를 표현하는 '천지창조'였다고 해도 지나치지 않을 것이다.

베드로전서 5장 5절에는 "다 서로 겸손으로 허리를 동이라 하나님이 교만한 자를 대적하시되 겸손한 자들에게는 은혜를 주시느니라"고 말씀하셨다. 위대한 신앙은 겸허한 신앙이다.

 예화와 관련된 말씀

> 너희는 유혹의 욕심을 따라 썩어져 가는 구습을 좇는 옛 사람을 벗어버리고 오직 심령으로 새롭게 되어 하나님을 따라 의와 신리의 거룩함으로 지으심을 받은 새 사람을 입으라(엡 4:22~24).

15 | 존대 받게 하는 겸손

경북 안동읍 교회의 이원영 목사는 제정시 일본 관헌들이 신사참배를 강요할 때 거절하여 투옥되었다가 8·15 해방으로 출옥된 목사이다.

그는 1952년 제37회 장로회 총회 때 부회장이 되었고 1954년 남북한의 노회가 전부 합석한 제39회 안동 총회시에는 총회장이 되었다.

그때 남북한의 노회가 전부 합석한 총회였으므로 신사참배를 통회하는 시간을 가졌었다.

제5일째 되는 새벽시간에 김윤찬 목사는 설교를 끝마친 후 이 목사를 향하여 수고의 뜻을 표하며, 무엇이든 말씀하기를 권했다.

그때 이 목사는 "나는 그때 나의 잘한 것도 자랑할 것이 없고 다만 마땅히 해야 될 주의 종으로 의무를 다한 것뿐입니다." 라는 말만 하였을 뿐 더 말하지 않았다.

옥중 수난을 자랑하며 지나간 신사참배에 대하여 맹책하는 출옥 성도들이 많을 때 오직 의무를 다했을 뿐 자랑할 것이 없노라는 겸손의 담화는 참으로 청중으로 하여금 통회케 하는 동시에 이 목사를 더욱 존경하게 하였다. 겸손은 다른 사람드로부터 존경을 받게 한다.

예화와 관련된 말씀

피차 사랑의 빚 외에는 아무에게든지 아무 빚도 지지 말라 남을 사랑하는 자는 율법을 다 이루었느니라(롬 13:8).

아무 일에든지 다툼이나 허영으로 하지 말고 오직 겸손한 마음으로 각각 자기보다 남을 낫게 여기고 각각 자기 일을 돌볼 뿐더러 또한 각각 다른 사람들의 일을 돌보아 나의 기쁨을 충만하게 하라 너희 안에 이 마음을 품으라 곧 그리스도 예수의 마음이니 그는 근본 하나님의 본체시나 하나님과 동등됨을 취할 것으로 여기지 아니하시고 오히려 자기를 비워 종의 형체를 가지사 사람들과 같이 되셨고 사람의 모양으로 나타나사 자기를 낮추시고 죽기까지 복종하셨으니 곧 십자가에 죽으심이라(빌 2:3~8).

16 | 미국과 유네스코

유엔의 유네스코(UNESCO)라고 하는 기구가 있다.

유네스코 (UNESCO는 United Nations Educational Scien- tific and Cultural Organiszation의 약자이다.

우리 한국어로는 [국제연합과학문기구]라고 하는데 통칭 [유네스코]라고 한다. 그런데 그 유네스코에 대하여 해마다 말썽이 많았다.

그 이유는 유네스코의 회원국은 크든 작든 1:1의 회원국 자격을 갖기 때문에 그 방대한 예산의 1/4을 미국이 부담하는 데도 미국은 공산 블럭이나 아프리카 블럭에 밀려서 날마다 당하는 입장에 놓이게 되었다.

왜냐하면 어느 나라든지 의견을 행사하는 투표권은 하나이기 때문에 다수가결 원칙에서 미국이 몰리게 되었다.

1/4 의 방대한 예산을 감당하면서도 미국이 원하는 것은 이루어지지 아니하고 오히려 반대되는 것만 통과되니 미국의 심기가 편할 리 없었다.

그 당시 1984년 미국 대통령 레이건은 마음의 결정을 했다. 유네스코에서 탈퇴하는 것이었다. 그래서 미국은 정식으로 유네스코 탈퇴원서를 제출했다. 인간적인 감정으로 볼 때 미국의 입장을 충분히 이해할 수가 있다.

그러나 미국 국민의 여론, 특히 고등교육을 받은 식자층에서는 미국이 탈퇴를 하는 것은 옳은 일이 아니라고 하는 것이었다. 비록 미국이 원하는 방향으로 이루어지지 않는다고 하더라도, 그리고 미국이 국제무대에서 늘 비판만 받는다고 하더라도 유네스코에 남아 있어 1/4의 예산부담을 감당해야지 탈퇴하는 것은 큰 나라가 취할 태도가 아니라고 하는 것이었다.

한국 속담에 "형보다 나은 아우가 없다"고 하였던가. 성경은 크고자 하는 자는 남을 섬기는 자가 되라고 했다. 큰 사람은 큰 마음을 품어야 한다.

예화와 관련된 말씀

> 너희 중에는 그렇지 않을지니 너희 중에 누구든지 크고자 하는 자는 너희를 섬기는 자가 되고 너희 중에 누구든지 으뜸이 되고자 하는 자는 모든 사람의 종이 되어야 하리라(막 10:43,44).

17 | 겸손한 삶

앤드류 머레이는 「그리스도와 같이」에서 이와 같이 말하고 있다.

"나 자신보다 나도 다른 사람을 더 낫게 여기는 것이 많은 그리스도인들에게는 불가능한 것처럼 보일 것이다. 그러한 사람들은 격한 교만의 감정과 헛된 영광을 극복하고자 하는 은혜를 구하기는 하나 그리스도와 같이 자기 자신을 포기하는 것이 너무나 어렵게 보인다. 자기 자신을 복종시켜 그리스도의 죽으심에 진실로 동참하여 사는 사람만이 더욱 자라나 이 겸손한 삶을 살 수 있는 것이다."

그의 이야기는 계속된다.

"이 일을 해내기 위해서는 다음의 두 가지가 필요하다. 그 첫째로는, 확고한 목적을 갖고 자기 자신을 복종시킨 이후로는 자신의 유익을 구하지 아니하고 오직 하나님과 이웃이 유일만을 구하며 사는 것이며, 둘째로는 그리스도의 죽으심에 대하여 또한 자신도 죄에 대하여 죽고 죄의 권세로부터 해방되었다는 것을 확고하게 믿는 신앙을 갖는 것이다.

그리스도의 죽으심에 동참하는 것은 우리가 죄에 대하여 죽은 것을 말하는 동시에 그리스도의 새 생명의 우리 속에서 살아나는 것을 의미한다."

예화와 관련된 말씀

그러므로 주 안에서 갇힌 내가 너희를 권하노니 너희가 부르심을 받은 일에 합당하게 행하여 모든 겸손과 온유로 하고 오래 참음으로 사랑 가운데서 서로 용납하고 평안의 매는 줄로 성령이 하나 되게 하신 것을 힘써 지키라(엡 4:1~3).

18 | 올리버 크롬웰과 원숭이

크롬웰이 아주 어린 아기였던 어느 따뜻한 봄날 유모는 아기를 안고 파란 잔디가 깔린 정원으로 나갔다. 햇살이 너무 강하다 싶어 유모는 아기를 바구니에 뉘어 놓고 아기 모자를 가지러 집안으로 들어갔다. 그런데 이게 웬일인가? 아기가 없어졌다. 주인마님과 유모는 아기를 찾기 시작하였다. 모두 안절부절하기 시작하였다. 그때 한 하인이

"어, 아기가 나무 위에 있어요!"라고 소리쳤다. 모두들 달려가 나무 위를 올려봤다. 얼마 전 크롬웰의 할아버지가 잘 아는 선장으로부터 선물 받은 원숭이 한 마리가 있었는데 이 원숭이가 아기를 안고 나무 위에 올라가 유모 흉내를 내고 있는 것이다. 한편 원숭이는 갑자기 많은 사람들이 저한테로 몰려오자 크게 놀라 한 손으로는 아기를 안고, 다른 한 손으로는 나뭇가지를 쥐고 훌쩍훌쩍 뛰어 아차하면 아기는 그 높은 나무에서 떨어져 죽을 판이었다.

"잠깐! 우리가 이렇게 몰려다니니까 저 원숭이가 놀라서 더 높은 가지로 자꾸 자꾸 올라가니 멀리 떨어지자. 그리고 원숭

이가 좋아하는 바나나, 과일, 과자를 한 광주리 준비하자." 그 사람의 말대로 해 보았지만 한 번 놀란 원숭이는 좀체 내려올 기미를 보이지 않고 아기를 안은 채 이 나무 저 나무로 옮겨 다녔다.

별별 수단을 다 써보았지만 아무런 효과가 없었다. 그야말로 속수무책이다. 마침내 크롬웰의 할아버지가 무겁게 입을 열었다. 이제 우리가 해볼 수 있는 일은 다 했다.

"지금부터 우리 모두 엎드려 하나님께 기도하자!"

할아버지의 말씀대로 모든 사람들이 무릎을 꿇고 두 손을 모으고, 눈을 감고, 간절히 하나님께 기도하였다. 이렇게 한창 기도하던 중 그 유모가 가만히 눈을 떠보니 아기가 풀밭에 뉘어져 있었다. 그리고 바로 그 옆에는 원숭이가 아기를 뉘여 놓고 자기도 사람들처럼 두 손을 모으고, 무릎을 꿇고, 무엇이라고 중얼거리며 기도하는 흉내를 내고 있었다. 내가 무엇을 하려고 하지 말고 오직 겸손히 하나님께 모든 것을 맡기자.

예화와 관련된 말씀

너희 염려를 다 주께 맡기라 이는 그가 너희를 돌보심이라(벧전 5:7).

19 | 맹사성의 겸손

우리나라의 정승이었던 맹사성은 고향인 온양을 성묘도 할 겸 한 해에 몇 차례 왕래하였다. 그러나 그는 중도에 관가에서 묵어가는 일은 한 번도 없었고, 반드시 촌 주막에 들러서 조용히 쉬어가곤 했다.

이러한 소식을 들은 연도의 수령들은 황송하다기보다 오히려 겁이 날 정도였다.

한번은 맹정승이 온양에 내려간다는 소식을 듣고 양성, 진위에 있는 군수가 장호원에 모여서 맹 정승을 송영하고자 큰 길을 막고 잡인의 왕래를 금하며 맹 정승의 행차가 나타나기를 기다렸다.

한나절이 되어 이제나저제나 하고 마음 조리면서 기다리고 있던 두 군수는 웬 삿갓을 쓴 늙은이 하나가 소를 타고 오는 것을 발견했다.

"저게 웬 놈이냐? 어서 가서 쫓아 버려라."

사령은 급히 달려가서 그 늙은이의 앞을 가로막고 꾸짖었다. 이때 정승은 소등에 앉은 채 부드러운 말로 말했다.

"그렇게 성내지 말고 온양 맹고불이 지나가더라고 전하

게."

  우리는 남보다 좀 더 나은 권좌에 앉게 되거나 더 큰 부를 얻게 되면 교만해지기 쉽다. 교만한자의 머리는 부딪히게 되어 있다는 사실을 잊지 말고, 겸손하고 정직한 지도자가 된다면 그 이름이 만고에 빛이 되리라.

예화와 관련된 말씀

마지막으로 말하노니 너희가 다 마음을 같이하여 동정하며 형제를 사랑하며 불쌍히 여기며 겸손하며(벧전 3:8).

20 | 쿠크 선장의 겸손

해양 탐험의 역사를 보면 쿠크 선장이라는 이름으로 널리 알려진 영국 사람이 있다. 그에게는 남다른 재주가 있기도 했으나 끊임없는 노력과 성실한 그의 생활태도가 많은 업적을 남기게 했다.

가난한 농부의 아들로 태어난 쿠크는 집안 살림을 돕기 위하여 어려서부터 잡화점 사환으로 일을 하게 되었는데 그 가게에 자주 들러 쿠크를 대하던 선주 워커는 쿠크의 사람됨을 알아보고 자신이 가지고 있는 배에 태워 견습 사원이 되게 했다.

이렇게 해서 바다 생활을 시작하게 된 어느 날 북해를 항해하다가 폭풍을 만나 배가 몹시 흔들리는 바람에 선장은 넘어져서 까무러치게 되었다.

이때 쿠크가 일어나 선장을 대신하여 배를 지휘하였다.

그의 놀라운 항해술로 인해 잠시 후에 폭풍권에서 벗어날 수 있었다. 후에 이 사건을 전해들은 선주 워커는 어린 쿠크를 칭찬했다.

"아닙니다. 저의 항해술 때문이 아니라 그냥 운이 좋았던 것뿐입니다."
쿠크는 운이 좋았음을 강조하며 겸손한 자세를 잃지 않았다.

예화와 관련된 말씀

교만이 오면 욕도 오거니와 겸손한 자에게는 지혜가 있느니라 (잠 11:2).

사람이 교만하면 낮아지게 되겠고 마음이 겸손하면 영예를 얻으리라(잠 29:23).

21 | 온유, 겸손

중국의 유명한 노자는 상창이라는 스승에게서 도를 배웠다.

어느 날 노자는 늙어서 죽게 된 스승 상창을 찾아가서 "사부님, 사부님께서 세상을 뜨실 날이 얼마 남지 않은 것 같습니다. 제게 마지막 가르침을 주십시오." 하고 부탁하자, 상창은 얼마 동안 노자의 얼굴을 보더니 입을 열고는 "내 이빨이 있느냐?" 하고 물었다. 노자는 "없습니다." 라고 대답했다. 다시 상창은 "내 혀는 있느냐?" 하고 물었다.

노자는 "사부님 혀는 있습니다." 라고 대답하자 상창은 "자, 이제 알겠느냐?" 고 했다.

노자는 "사부님 알겠습니다. 사부님 감사합니다." 하고 큰절을 드리고는 물러 나왔다고 한다. 이들이 주고받은 이야기는 간단명료하다. 그렇다면 노자가 무엇을 알고 무엇을 깨달았다는 것일까?

이 세상에서 이빨처럼 굳고 강하고 날카로워서 입술과 혀를 물어서 피를 내는 것은 부러지고 깨지고 빠져나가고 없어진다. 정치권력, 무력, 돈으로 사람을 물어서 피를 내는 강하고 굳고 날카로운 것은 부러지고 빠져나가서 다 없어지고 마는 것이다. 그러나 혀처럼 바보스럽게 물리고 피가 나는 것은 남아있게 된다.

노자는 온유하고 겸손한 사람만이 오래 남는다는 진리를 깨달았다는 것이다.

 예화와 관련된 말씀

사람들이 너를 낮추거든 너는 교만했노라고 말하라 하나님은 겸손한 자를 구원하시리라(욥 22:29).

22 | 다 나 때문이야

　가정에서 풍랑이 일어나려고 할 때마다 한 성도는 "다 나 때문입니다. 다 나의 부족 때문입니다. 다 나의 부덕 때문입니다." 라고 하면서 자신의 가슴을 늘 때렸다.
　교회에서 풍랑이 일어나려고 할 때에도 "다 나 때문입니다." 라고 하면서 자신의 가슴을 때렸다.
　어느 날 어떤 젊은 성도가 그에게 이런 질문을 했다.
　"성도님! 제사장적인 성도가 좋기는 하지만 때로는 예언자적인 성도가 좋을 때도 있습니다."
　다 나 때문입니다도 좋지만 다 너 때문입니다도 좋을 때가 있다는 말이었다. 젊은 성도의 이러한 의견에 그도 동의했다.
　그러나 그의 의견은 다음과 같았다.
　"저는 풍랑이 있을 때마다 나 자신의 가슴을 때립니다. 5년, 10년, 15년, 20년 동안 계속해서 때렸습니다. 그러자 마침내 '다 나 때문입니다'의 메아리가 상대편 형제, 자매의 가슴을 울리게 되었습니다. 단단한 가슴의 벽이 무너지고 굳게 닫혔던 가슴의 문이 열리기를 시작하는 것입니다. 바로 거기에 너와 나의 화해가 있고 일치와 공존이 있습니다. 마음의 천국이 있는 것입니다."

– 김종수 「모든 것이 다 나 때문이야」

예화와 관련된 말씀

그가 빛 가운데 계신 것 같이 우리도 빛 가운데 행하면 우리가 서로 사귐이 있고 그 아들 예수의 피가 우리를 모든 죄에서 깨끗하게 하실 것이요(요일 1:7).

23 | 추앙받은 미국 퍼스트레이디

미국의 퍼스트레이디에 대한 관심은 여러 갈래다. 남편의 정책결정에 얼마나 영향을 미치느냐에서부터 성격, 가정생활, 사회활동, 의상, 취미 등에 이르기까지 거의 모든 것이 얘깃거리다. 그러나 금전문제가 관심의 대상이 된 적은 한 번도 없다. 백악관 안주인의 축재란 생각할 수조차 없는 일이기 때문이다.

그들은 오히려 검소하고 절약하는 형이었다.

지미 카터 대통령(76~80년)의 부인 로절린 카터가 백악관에 들어오면서 남편이 조지아주 주지사 시절에 쓰던 낡은 옷 보따리를 들고 들어온 일화는 유명하다.

중동 평화협상의 기초를 마련한 캠프 데이비드 회담 때 매일 남편으로부터 회담 진행상황을 보고 받을 정도로 정치에 깊이 개입한 그녀였지만 생활 자체는 검소했다.

조지 부시 대통령(88~92년)의 부인 바버라 부시 또한 검소했다. 전형적인 시골 할머니를 연상케 했던 그녀는 한때 패션잡지들에 의해 '옷을 가장 잘 못 입는 퍼스트레이디'로 선정되기도 했다. 그러나 국민들 사이에서 인기는 최고였다. 남편을 위해 방송국을 사서 운영했던 린든 존슨 대통령(63~69년)의 부인 레이디 버드 존슨도 근검절약했다.

그녀는 존슨이 대통령이 되기 전에 그의 정치활동을 지원하기 위해서 물려받은 유산에다 은행으로부터 빌린 1만 달러를 합쳐 당시 파산직전에 있던 텍사스주의 라디오방송국을 사 이를 유수의 방송사(TBC)로 키워낸 장한 아내이기도 했다.

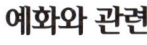 **예화와 관련된 말씀**

겸손한 자와 함께 하여 마음을 낮추는 것이 교만한 자와 함께 하여 탈취물을 나누는 것보다 나으니라(잠 16:19).

24 | 박찬호 선수의 겸손

　미국 메이저 리그에서 활약했던 '코리안 특급' 박찬호 선수는 야구 실력 외에도 많은 칭찬을 듣고 있는 좋은 선수이다. 투수 실력도 특급이지만 그에 못지않게 심성도 특급이기 때문이다. 그는 게임을 시작할 때마다 항상 모자를 벗어 심판에게 깍듯이 인사를 한다.

　그리고 경기에서 혹 고전하더라도 절대 나쁜 행동을 하지 않았다. 그래서 그의 옛 구단주 '오말리'는 박찬호 선수를 '엠베서더(대사)-동방예의지국에서 온 외교관'이라고 불렀다. 그만큼 그의 겸손을 높이 평가했다는 것이다.

　메이저 리그에서 갑자기 스타가 된 다른 선수들 중에는 경기 중 감독이 투수를 교체하라고 사인을 보내면 글러브를 땅에 팽개친다거나, 심지어 입고 있던 자기 유니폼을 찢어 버리는 선수도 있다고 한다. 그러나 박찬호 선수는 전혀 그렇지 않았다는 것이다.

　얼마나 겸손하게 행동하는지 모른다. 한 사람의 고상한 인격이 우리나라를 이렇게 온 세상에 동방예의지국으로 널리 소개하고 있다. 박찬호 선수가 겸손하니까 다른 사람들도 그를 좋아하는 것이다. 우리가 겸손하게 되면 우리의 이웃들도 우리를 좋아할 것이다.

그리고 그 무엇보다도 하나님께서 우리를 귀히 보시고 우리를 높여주실 것이다. 진실하고 겸손한 사람들이 하나님 앞에 아름다운 상을 받는다.

 예화와 관련된 말씀

여호와께서는 자기 백성을 기뻐하시며 겸손한 자를 구원으로 아름답게 하심이로다(시 149:4).

사람이 교만하면 낮아지게 되겠고 마음이 겸손하면 영예를 얻으리라(잠 29:23).

25 | 링컨의 겸손

전 세계 인류에게 영향을 준 미국이 낳은 위인 한 사람만 꼽으라면 누구나 링컨을 꼽을 것이다. 그가 대통령이었기 때문도, 남북전쟁을 치렀기 때문도 아니다. 적어도 그는 열두 번 직업을 바꾸었다. 뱃사공, 농부, 노동자, 장사꾼, 군인, 우체국직원, 측량사, 변호사, 주의원, 상원의원, 대통령 등이다. 그는 독학으로 계속 발전해 나갔다.

'나는 배우기를 멈추지 않으리라'는 그의 표어처럼 그는 날마다 책을 읽고 자기보다 지위가 낮은 사람이나 훨씬 젊은 사람에게도 겸손한 마음으로 배우기를 힘썼다.

57세로 암살당하는 순간까지 그는 모든 사람에게 배우는 자세로 살았다. 링컨의 세익스피어 연구는 전문가 수준이었고, 그의 성경지식은 신학자 수준이었다고 한다.

링컨은 스무 살 때까지 도끼를 안 잡은 날이 없을 만큼 고생했고 학교 공부는 모두 합해서 1년 정도로 불우한 환경이었으나 통나무집에서 자라면서도 혼자 공부해서 문학을 연구하고, 성경을 공부하고, 변호사 자격을 따고 대통령까지 되었다.

「톰 아저씨의 오두막집」을 쓴 작가 스토우 부인이 링컨과 만나 대화를 하면서 노예를 해방시킨 링컨을 칭찬하자 링컨은 스토우 부인의 칭찬에 몸 둘 바를 몰라 하며 겸손하게 이렇게 말했다.

"저 역시 단지 미천한 하나님의 도구였을 뿐입니다. 하나님께서 부족한 사람을 써 주신 것에 감사할 따름이지요. 부인! 오직 모든 영광을 주님께만 올려 드립시다."

예화와 관련된 말씀

나는 마음이 온유하고 겸손하니 나의 멍에를 메고 내게 배우라 그리하면 너희 마음이 쉼을 얻으리니(마 11:29).

02
자기를 낮추는 자는

누구든지 자기를 높이는 자는 낮아지고 누구든지 자기를 낮추는 자는 높아지리라(마 23:11).

01 지는 것이 이기는 것

워싱턴이 미국의 수도로 결정되고 얼마 지나지 않았을 때의 일이다. 수도라고는 하지만 아직 도시 정비가 제대로 되지 않아 집들은 목조 건물이 대부분이었고, 워싱턴 거리는 비만 오면 온통 진흙탕길이 되곤 했다.

비가 오는 날이면 사람들은 진흙탕길 위에 한 사람이 겨우 지나갈 수 있을 정도의 좁은 널빤지를 깔아 놓고 흙탕물이 튈까 봐 조심조심 길을 건너곤 했다.

어느 날, 버지니아의 존 란돌프와 캔터키의 헨리 그레이라고 하는 두 사람의 하원 의원이 진흙탕 길의 좁은 널빤지 위에서 마주쳤다. 어느 한 편이 진흙탕 속으로 내려서 길을 비키지 않으면 안 되는 상황이었다. 그러나 평소 서로 라이벌 의식을 갖고 있었던 둘은 얼굴이 굳어진 채 서로 상대편이 먼저 비켜 주기를 기대하고 서 있었다.

성미가 급하고 남을 이해하는 마음이 없는 란돌프는 전부터 예의 바르고 깍듯한 그레이가 잘난 척한다 싶어 몹시 싫어했다. 그는 좁은 길에서 마주친 그레이에게 길을 비켜주고 싶은 마음이 생기지 않아 한 걸음도 양보하지 않으려 했다.

잠시 후 란돌프는 목소리를 낮게 깔고 은근히 비꼬듯 말했다. "나는 악당에게는 길을 비키지 않습니다."

그러자 그레이가 품위 있는 모습으로 공손히 인사하면서 이렇게 대답했다.

"나는 언제나 악당에게는 길을 비켜줍니다."

아무렇지도 않게 흙탕물 속으로 발을 내딛는 그레이의 모습을 물끄러미 쳐다보면서 란돌프는 얼굴을 붉혔다.

예화와 관련된 말씀

누구든지 자기를 높이는 자는 낮아지고 누구든지 자기를 낮추는 자는 높아지리라(마 23:11).

02 | 섬기는 지도자

　남침례교단의 유명한 빌 핸드릭스라는 교수님이 계신데, 교단 전체에서 존경을 받는 대단한 학자이다.
　침례교단의 지도자들이 그분을 이 골든게이트 신학교의 학장으로 모시기 위해서 그분에게 부탁을 했다. 그런데 뜻밖에도 핸드릭스 박사께서 그 부탁을 거절하면서 이런 이야기를 했다고 한다.
　"저는 교장을 할 자격이 없습니다. 저는 가르치는 교수의 은사를 받은 사람이지 다른 사람을 이끌 수 있는 그런 지도력이 저에게는 부족하다고 생각합니다. 제가 사람을 한 분 추천하겠습니다. 제 제자 가운데에 폴랏트 박사라는 분이 계신데 이분은 이 일을 잘 감당할 수 있는 적임자라고 생각합니다."고 하면서 자기의 제자를 추천했다고 한다.
　그래서 이분의 추천을 참고해서 폴랏트 박사가 골든게이트 신학교의 학장이 되었다. 학장이 된 다음에 폴랏트 박사를 가르쳤던 스승인 핸드릭스 박사는 자기의 제자 밑에서 교수 일을 하면서 신실하게 자기의 제자를 섬기면서 그 학교의 발전에 혁혁하게 기여했다는 간증을 하였다. 우리가 이런 삶을 배울 수 있다면 우리의 삶은 얼마나 달라지겠는가? 내가 할 수 있는 일이 무엇이며, 내가 서야 할 자리가 어디인지 그것을 망각하는 데서부터 그리스도인의 삶에는 어두움이 초래된다.

 예화와 관련된 말씀

여호와여 영광을 우리에게 돌리지 마옵소서 우리에게 돌리지 마옵소서 오직 주는 인자하시고 진실하시므로 주의 이름에만 영광을 돌리소서(시 115:1).

03 │ 겸손한 삶의 기쁨

"연말 결산을 하는데 1백만 원이 펑크난 거예요. 돈을 메 워 넣는 것도 힘든 일이었지만 은행에 면목이 없어 견딜 수 가 있어야죠."

서울 외환은행 방배동 지점 입·지급계에 근무하는 행원 의 이야기이다.

6년 전의 일이었다. 괴로운 마음에 교회를 찾았다.

"하나님! 이 돈만 찾게 해주신다면 앞으로 한 달 동안 교회 화장실 청소를 하겠습니다. 제발 찾게 해주십시오!"

기도 덕분이었는지 며칠 후 1백만 원은 후배의 계산 착오 였음이 밝혀졌다. 그때부터 배씨는 매주 일요일마다 교회 화장실 청소를 시작했다. 한 달만 하겠다던 약속이 벌써 6년 째다.

"낮 12시 예배가 끝나면 대걸레와 왁스를 들고 화장실을 찾는 것이 주일의 중요한 일과 중 하나가 돼 버렸습니다. 휴 지통을 치우고 왁스로 깨끗이 바닥을 닦아내다 보면 저도 모르게 입가에 미소가 떠오르지요."

배씨의 특별한 행복의 순간이다. 처음 청소를 시작할 때

등에 들춰 업었던 첫딸도 이젠 자기가 대걸레를 밀겠다고 소리 지르며 달겨 드는 여섯 살짜리 꼬마로 자랐다.

처음엔 의아한 눈초리로 쳐다보는 사람도 있었다. 무슨 큰 잘못이 있어서 그렇게 일요일마다 화장실 청소를 하냐며 조용히 물어오는 사람도 있었다. 하지만 배씨는 아랑곳하지 않았다.

"은행 나가랴, 집안 살림하랴, 딸 둘 키우랴 바쁘게 살다 보면 문득 저만을 위해 허겁지겁 사는 것이 아닌가 하는 반성이 들 때가 많지요. 사소하지만 화장실 청소는 다른 사람을 위해 뭔가 도움 되는 일을 한다는 기쁨을 줍니다."

그리고 무엇보다 화장실 청소는 배씨에게 항상 겸손하게 살라는 세상 살기의 철학을 깨우쳐준다.

예화와 관련된 말씀

여호와여 주는 겸손한 자의 소원을 들으셨사오니 그들의 마음을 준비하시며 귀를 기울여 들으시고(시 10:17).

04 | 가장 보잘 것 없는 존재

신학자 풀리쳐에게 한 신학생이 찾아와서 물었다.
"어떻게 하면 유능한 전도자가 될 수 있습니까?"
풀리쳐 박사는 조용히 그 학생에게 대답했다.
"자네가 유능한 전도가자가 되기를 원한다면 이 한 가지를 잊지 말게나! 그것은 '영국에서 내가 가장 보잘 것 없는 존재' 라는 자세를 갖춘다면, 그때에 비로소 하나님께서는 자네를 통해 일하실 것이네."

대영제국 시절 영토를 크게 넓혀 나가던 왕이 있었다. 그러나 이 왕은 하나님 앞에서 겸손했다. 어느 날 신하들이 호화스러운 왕관을 씌워주며 "이제 왕의 명령을 거역할 자가 없습니다." 라고 말했다.

왕은 이런 신하들을 데리고 바닷가로 가서 "파도여 잠잠하라." 고 소리를 질렀다. 그러나 파도는 계속 일렁거렸다.

왕은 말했다. "보아라. 내 명령을 듣느냐? 이 우주에서 오직 하나님의 명령만이 거역할 수가 없다. 하나님 앞에서 나는 왕관을 쓸 수가 없다." 가누트 왕의 이야기다.

하나님 앞에서 자신의 무력함을 깨닫고 겸손하게 도움을

요청할 때 하나님은 그러한 사람을 기쁘게 사용하셨다는 것이 성경의 증언이다.

하나님께서는 유능한 사람이나 실력 있는 사람의 능력 때문에 사용하시는 것이 아니라 부르심 앞에 순종하고 겸손함을 겸비할 때였음을 잊지 말자!

예화와 관련된 말씀

진실로 그는 거만한 자를 비웃으시며 겸손한 자에게 은혜를 베푸시나니(잠 3:34).

05 | 화장실을 청소하는 학장

카통 카우는 필리핀 부자 사업가의 아들로 마닐라에 있는 성서대학에 입학해 기숙사 생활을 하기로 되어 있었다. 기숙사에 들어간 첫 날, 제대로 청소를 하지 않아 매우 지저분한 욕실과 화장실을 둘러보고는 기겁을 했다.

기분이 몹시 언짢아진 그는 곧바로 학장실로 달려갔다.

"학장님 이 곳 기숙사의 욕실과 화장실은 왜 이렇게 지저분합니까? 청소부는 뭐하는 겁니까? 정말이지 학교에 다닐 마음이 싹 사라질 것 같습니다."

"기숙사 방 번호를 적어 놓고 가면 내가 곧 조치를 취하겠소. 방으로 돌아가 있으시오."

학장의 간단한 대답이었다.

기숙사로 돌아온 그는 책상에 앉아 책을 보며 청소부가 오기를 기다렸다. 얼마쯤 지난 후, 욕실에서 청소하는 소리가 새어 나왔다. 카통 카우는 욕실 문을 덜컥 열어 젖혀보았다.

이내 허리를 잔뜩 구부리고 일하던 사람이 문소리에 놀라 고개를 돌려 카 통 카우를 쳐다보았다. 그러나 뜻밖에도 청소부는 학장이었다. 학장은 비누거품이 잔뜩 묻은 솔을 든 채 웃고 있었다.

"아니 학장님이 지금 여기서 무엇을 하시는 겁니까? 청소부는 어디에 가고…"

"자네가 아까 욕실이 더럽다고 하지 않았나. 이만하면 깨끗하지? 카우군, 우리 학교는 부자 학교가 아니라 기숙사 청소부를 따로 둘 만한 여유가 없다네. 그러니 우리 학교를 다니려면 청소쯤은 제 손으로 해야 한다네. 여기서는 모든 일을 자기 스스로 알아서 해야 한다는 것을 잊지 말게."

학장의 솔직한 웃음소리를 들은 카 통 카우는 부끄러움으로 얼굴이 달아올랐지만 새로운 다짐을 하게 되었다.

예화와 관련된 말씀

너희는 들을지어다, 귀를 기울일지어다, 교만하지 말지어다, 여호와께서 말씀하셨음이라(렘 13:15).

06 | 대통령의 어머니

워싱턴의 어머니인 메리 보울은 워싱턴이 대통령이 된 후 처음으로 고향인 마운트 버넌을 방문했을 때 평소와 다름없이 소박한 옷차림으로 문 앞까지 나가 아들을 맞았다.

"죠지 정말 잘 왔다. 나는 너에게 주려고 지금 맛있는 과자를 만들고 있단다."

반갑게 아들을 맞이한 메리 보울은 빵가루 투성이의 손을 닦으며 부엌으로 들어가는 것을 보며 워싱턴을 수행하던 사람들은 너무도 놀랐다. 그러나 워싱턴은 더 없이 기쁜 듯 주위 사람들을 번갈아 쳐다보며 말했다.

"여러분, 내 어머니가 과자를 만들어 주신답니다. 나는 어렸을 때부터 어머니가 만든 과자를 즐겨 먹었습니다. 자, 사양 말고 안으로 들어가서 어머니가 만든 과자를 다함께 먹읍시다."

잠시 후 워싱턴은 조용히 어머니에게 다가가 말하였다.

"어머니, 이제 집안 일은 직접 하지 않으셔도 돼요. 어려운 일은 하인들을 시키시고 그저 감독만 하십시오."

그러자 메리 보울은 고개를 저으며 말했다.

"아니다. 대통령이 나온 마을에서 가난한 사람들이 나 때문에 손해를 보거나 내가 오히려 어려운 사람들에게 폐를 끼쳐서는 안 된다. 왜냐하면 그렇게 되면 나는 하나님을 대할 면목이 없기 때문이지. 그래서 앞으로 조금이라도 더 일을 해 수입을 늘려 가난한 사람들을 도울 생각이란다. 만일 대통령인 네가 끝내 내게 일하지 말고 다른 사람을 부리라고 한다면 나는 대통령의 어머니 따위는 언제라도 그만 둘란다!"

대통령의 어머니로 허세를 부리기보다는 하나님 앞에서 떳떳할 수 있는 신앙인 어머니가 만든 자식이 위대할 수 있었던 것이다.

예화와 관련된 말씀

그러나 더욱 큰 은혜를 주시나니 그러므로 일렀으되 하나님이 교만한 자를 물리치시고 겸손한 자에게 은혜를 주신다 하였느니라(약 4:6).

07 | 예수 이름으로

미국의 '헨리 나우엔(Henri Nouwen)' 박사는 세계적으로 유명한 학자이자 교수였으나, 어느 날 갑자기 그는 명문 하버드대학의 교수직을 사임하고, 메사추세츠에 있는 작은 정신박약자 수용소인 데이 브레이크(Day Break)학원의 직원으로 자청해 가서 봉사했다.

여기서 그는 정신박약자들에게 용변 보는 법을 가르치고, 식사와 세수를 돕고 옷을 갈아입히는 일을 하며 지냈던 것이다.

그는 어려서부터 공부를 잘해서 신동이란 별명을 들었던 사람이고, 하버드대학 교수가 된 후 책도 20여 권을 집필했으며, 그 책 모두가 베스트셀러가 되어 누구나 그의 얼굴을 한 번 보기를 원할 만큼 존경받는 인물이었다.

그런 그가 그 길을 포기한 이유를 많은 사람들이 궁금해 하고 있을 때, 그는 「예수 이름으로(In the name of Jesus)」라는 책을 썼다.

그 책의 요지는 '예수를 진정으로 알려면 내리막길을 체험해 보아야 한다.'는 것이었다. 주님이 말씀하고 몸소 행했던 복음의 교훈은 내리막길에서만 체험된다는 것이다. '꼭대기를 향하여 오르막길로만 전진하다 보니 예수는 안 보이더라.'는 것이다.

예수를 만나기 위해 우리는 높은 곳으로 갈 필요는 없다. 왜냐하면 그분은 가장 낮은 곳에 우리와 함께 계시기 때문이다.

예화와 관련된 말씀

> 서로 마음을 같이하며 높은 데 마음을 두지 말고 도리어 낮은 데 처하며 스스로 지혜 있는 체 하지 말라(롬 12:6).

08 | 과대광고의 허실

 카터를 망신시키고 대미국의 체면을 크게 손상시킨 사건이 이란의 인질 구출 작전이었다. 6개월 동안이나 훈련을 받은 프로페셔널들이 어째서 그런 어처구니없는 실패를 하였을까?

 〈뉴스위크〉지의 데이비드 마틴에 의하면 실패의 원흉은 하부우브스라고 부르는 사진(砂塵)이었다고 한다. 이것은 중동 사막지대에서 일어나는 일종의 자연 현상으로 강풍이 모래를 하늘 높이 오르게 하는 것이다.

 그 곳 모래는 몹시 가늘어서 하부우브스에 둘러싸이면 대낮에도 상하좌우를 분간할 수 없는 암흑세계에 잠겨 버린다고 한다.

 미군 특공대는 운 나쁘게도 하부우브스에 걸려 수송기와 헬리콥터가 충돌하는 참상을 겪었던 것이다.

 하부우브스는 개인생활에서도 가끔 일어난다. 과대광고는 실속이 없는 제품에 치는 연막이다.

 연설이나 설교에서 소리를 크게 지르는 것은 내용이 빈약

한 경우가 대부분이다. 속임수를 가리기 위한 선심공세도 자주 쓰이는 인간의 술수이다. 그러나 뒷자락을 엄폐하려고 증거를 없애도 진실은 언젠가 드러나게 마련이다. 그러므로 '척' 할 필요가 없다. 아내에게도 친구에게도 있는 그대로의 자기를 보이는 것이 제일 좋다.

 예화와 관련된 말씀

스스로 속이지 말라 하나님은 업신여김을 받지 아니하시나니 사람이 무엇으로 심든지 그대로 거두리라(갈 6:7).

09 | 웨스트민스터 고등학교

영국의 웨스트민스터 사원 옆에는 영국의 상류층 자녀들이 다니는 고등학교인 웨스트민스터 고등학교가 있다. 이 학교에는 재미있는 풍습이 있다.

일 년에 하루 정한 날이 되면 모든 교사들은 모자를 쓰고 학생들을 가르치며, 이 날에는 영국 국왕이 학교를 방문하는데 왕이 교실에 들어오더라도 교사들에게 모자를 벗지 않으며, 국왕이라 할지라도 이 날만은 교사들에게 악수를 청해야 왕이 교사와 악수할 수 있는 전통이다.

이 전통이 유래하기 시작한 것은 17세기 초에 영국을 통치하던 찰스 1세 때이다. 리차드 버스비가 웨스트민스터 고등학교의 교장으로 있을 때이다. 버스비가 학생들을 가르치고 있는데 느닷없이 찰스 1세가 그 학교를 방문하였다. 위대한 왕의 방문을 받은 학교는 너나없이 어쩔 줄 모르고 쩔쩔매고 있었다.

찰스 1세가 버스비의 교실에 들어가자 학생들은 모두 일어서서 왕에게 인사하려고 했다. 버스비는 모자를 쓰고 가르치다가 왕이 들어오는 것을 보면서도 모자도 벗지 않고 학생들을 꾸짖어 계속 수업을 받게 했다. 이때 화가 난 찰스 왕은 버스비에게 호통을 쳤다.

"네가 일개의 고등학교의 교사로서 대영제국의 왕 앞에서 감히 모자도 벗지 않고 인사도 하지 않다니 도대체 무슨 배짱이냐?"

그러나 버스비는 왕 앞에서 당당히 대답하기를 "내가 가르치는 이 교실 안에서는 그 누구도 높은 자가 없습니다. 오직 가르치는 선생과 학생만이 있을 뿐입니다. 그렇지 않다면 어떻게 제대로 교육을 시킬 수가 있겠습니까?"

이 말을 들은 찰스 1세는 오히려 자기가 교육에 문외한이어서 그렇게 호통쳤음을 사과하고 누구든지 가르치는 동안에는 왕 앞에서도 모자를 쓸 수 있게 허락을 하였다. 수 백 년이 지난 오늘날까지 이것은 이 학교의 아름다운 전통이 되어 교육자의 권위를 나타내 주고 있다.

예화와 관련된 말씀

사람의 마음의 교만은 멸망의 선봉이요 겸손은 존귀의 길잡이니라(잠 18:12).

10 | 남에게도 있는 것

 스웨덴에서 한 미군 병사가 버스를 타고 가면서 옆 사람과 이 얘기 저 얘기하다가 미국 자랑을 하게 되었다.

 미군 병사는 "백악관에 가면 누구든지 정해진 시간에 대통령도 만날 수 있다."고 자랑했다. 그 미군은 자기 나라의 민주주의를 기쁘고 자랑스럽게 생각했던 것이다. 그때 옆자리에 있던 점잖은 스웨덴 신사가 미군 병사의 이야기를 다 듣고 나더니 이렇게 자랑했다.

 "미국도 좋지만 스웨덴은 더 좋습니다. 스웨덴에서는 왕도 백성들과 같이 시내버스를 타고 다니는 나라이니 얼마나 자유로운 나라입니까?"

 이 말을 들은 미국 병사는 조금 이상하다 싶어 그 사람이 내리자마자 한 승객에게 물었다.

 "혹시 저 사람이 누군지 아십니까?"

 옆 사람의 대답은 이러했다.

 "그 신사는 구스타프 아돌트 6세 왕입니다. 그분은 우리와 같이 버스를 타고 여행하시는 분입니다."

그 말을 듣고 미국 병사는 코가 납작해졌다. 누구든지 자기가 자랑할 것이 있으면 남도 자랑할 것이 있다는 것을 알아야 한다. 나에게 부족함이 있다면 남도 부족함이 있다는 것을 알아야 한다.

그렇기 때문에 우리는 서로 용서하고 사랑하며 남을 존경하고 나보다 낫게 여기고 자기를 낮추어야 하는 것이다.

그런 자만 그리스도의 나라에 합당한 자라고 할 수 있다.

예화와 관련된 말씀

아무 일에든지 다툼이나 허영으로 하지 말고 오직 겸손한 마음으로 각각 자기보다 남을 낫게 여기고(빌 2:3).

11 | 성공은 섬김이다

1878년 윌리암 부스의 구세군이 이름을 날리기 시작했을 때 세계 도처의 남녀들이 구세군에 입대하기 시작했다.

한때는 주교가 되려고 꿈꾸었던 한 남자가 대서양을 가로질러 미국에서 영국으로 입대하기 위해서 건너왔다.

사무엘 브렝글은 구세군에 입대하기 위해서 훌륭한 목사의 직분을 그만두었던 것이다.

그러나 처음에 부스 사령관은 그의 입대를 못마땅하게 여겼다. 부스는 그에게 "당신은 너무나 오랫동안 보스로 군림해 왔습니다."라고 말했다.

그리고 브렝글에게 겸손을 가르치기 위해서 그에게 다른 훈련병들의 군화를 닦는 일을 시켰다. 이에 실망한 브렝글은 "내가 기껏 군화나 닦기 위해서 대서양을 건너 나의 꿈을 좇아왔단 말인가?" 하고 중얼거렸다.

그런데 그때 환상 중에 거칠고 무식한 어부들의 발을 씻으려고 엎드리고 계시는 예수님을 보게 되었다.

'주님' 그는 속삭였다. "당신께서 그들의 발을 씻기셨군요. 그렇다면 이제 나는 저들의 구두를 닦겠습니다."

사무엘 로간 브렝글이 기꺼이 그리고 사랑스럽게 그들의 더러운 군화를 닦으려고 했을 때 그는 청지기의 사명을 경험하게 되었다. 그리고 그는 성공을 경험하게 되었다. 왜냐하면 그는 예수님처럼 살게 되었기 때문이다.

분명히 그것은 가치 있게 경험한 교훈이었다. 브렝글은 의미 깊은 청지기의 직분을 경험하며 살게 되었다. 그리고 그는 구세군 최초의 미국인 감독관이 되었다.

예화와 관련된 말씀

> 이에 대야에 물을 떠서 제자들의 발을 씻으시고 그 두르신 수건으로 닦기를 시작하여(요 13:5).

12 | 싸움의 원인

 조나단 스위프트가 쓴 「걸리버 여행기」에 보면 소인국에서 자기들끼리 싸움이 붙어 수만 명이 죽게 된 장면이 나온다. 싸움의 원인은 삶은 계란을 넓은 쪽 끝을 깨트려 먹느냐, 좁은 쪽 끝을 깨트려 먹느냐는 의견차이 때문에 싸움이 시작된 것이다. 모든 싸움의 원인을 분석해 보면 사실 아주 사소하고 보잘 것 없는 문제임을 알 수 있다.

 부부싸움도 대부분 세계평화나 민족통일 등 거시적 문제가 아닌 자존심 싸움에 불과한 경우가 많다.

 이솝우화에 보면 어느 날 저마다 수려한 미모를 자랑하는 그리스도의 신들이 한자리에 모여 자기의 짝을 찾는 제비뽑기를 하고 있었다. 그런데 이 모임에서도 약한 한 쌍의 부부가 탄생되었는데 다름 아닌 '교만의 신'과 '싸움의 신'의 결합이었다. '싸움의 신'이 '교만의 신'을 맞이하면서 "나는 당신을 사랑하오. 어디든지 어떤 곳이든지 당신을 따라 다니겠소!"라고 하였다. 그 후 교만의 여신이 가는 곳마다 언제나 싸움의 신이 따라 다니며 일을 거들게 되었다. 이 부부는 가는 곳마다 무서운 위력을 발휘하게 되었다. 싸움의 원인은 언제나 교만 때문이다.

참으로 훌륭한 인격자는 큰 일을 큰 일로 처리할 줄 알고 사소한 문제로 인해 일과 시간을 낭비하지 않는 사람이다.

본질적 문제보다 비본질적 문제로 에너지 낭비를 많이 하게 되는데 성숙한 인격자의 모습은 아니다. 큰일과 작은 일을 구별할 줄 아는 지혜도 참으로 소중하다.

모든 싸움이 교만에서 비롯되었다면 겸손이 활동하도록 자유를 주어야 한다. 의미 없는 일에 시간이나 힘을 소모하지 않도록 분별력을 가져야겠다. 우리의 싸움에 명분이 있는지 분석해 보라!

예화와 관련된 말씀

주께서 곤고한 백성은 구원하시고 교만한 눈은 낮추시리이다 (시 18:27).

13 | 있는 모습 그대로

어떤 화가가 자기가 살고 있는 마을을 그리기로 하였다. 특별히 이 그림 속에 마음의 정경과 함께 마을 사람 한 명을 그려 넣기로 하고 여러 사람을 살펴보았다.

저명 인사를 그려 넣을까? 그 마을의 귀염둥이 소년을 그려 넣을까? 생각해 보았다. 결국 화가는 그 마을 구석구석을 청소하고 다니는 청소부를 그려 넣기로 하였다. 화가는 그 마을의 청소부에게 가서 모델이 되어 줄 것을 부탁하였다.

화가는 그림을 그릴 준비를 하고 청소부를 기다렸다. 그런데 약속 시간에 타나난 청소부를 본 화가는 실망을 금할 수가 없었다.

청소부는 목욕도 하고, 면도도 하고, 옷도 허름한 옷을 벗고는 양복으로 갈아입고 나타난 것이다.

그러나 이런 청소부의 모습은 화가가 그리려고 하는 그림에 어울리지 않았다. 화가가 원한 것은 신사가 아니라 평소에 마을을 열심히 청소하던, 먼지를 뒤집어 쓴 청소부였던 것이다.

우리는 우리의 더러운 죄악의 모습을 그대로 가지고 주 앞에 나가야 한다. 주님은 우리가 있는 그대로의 모습으로 나아오길 원하신다. 내 노력으로 많은 선을 쌓고 그것으로 자랑을 삼아 교만한 모습으로 주 앞에 서서는 안 된다.

주님께 죄를 자복 하고 겸손히 통회하는 마음으로 엎드릴 때 주님이 주시는 의의 흰옷을 입을 수 있다.

예화와 관련된 말씀

여호와를 의지하고 교만한 자와 거짓에 치우치는 자를 돌아보지 아니하는 자는 복이 있도다(시 40:4).

14 마음을 비우지 않으면

 고명한 스승에게 가르침을 받고자 찾아온 한 방문자는 스승 앞에 자기의 고민거리를 한참 이야기하고는 다시 자신의 장래 계획에 대하여 장황하게 이야기했다.

 그러나 스승은 아무런 대답도 하지 않은 채 방문자의 찻잔에 차만 계속하여 따랐다. 차는 찻잔에 흘러 넘쳐 앉은 자리까지 흥건히 젖었다.

 스스로의 이야기에 도취되어 떠들어대던 방문자는 놀라 스승의 손을 덥석 잡으며 말했다.

 "잔이 넘쳐서 흐르는데 어찌하여 자꾸만 따르시는지요?"
그제야 스승은 입을 열었다.

 "이 찻잔과 마찬가지로 당신의 마음은 너무 많은 것으로 가득 차 있습니다. 그 마음의 잔을 비우지 않으면 나는 당신에게 아무 것도 가르쳐 드릴 수가 없습니다. 가르쳐 드린다 해도 다 넘쳐버릴 것입니다."

 우리는 누구나 하나님의 은혜와 축복을 누리고자 한다. 예측할 수 없는 장래의 길을 갈 때 넘어지는 일이 없기를 원한다. 그러나 우리의 마음은 교만과 질투로 빈틈이 없다. 돈이 많아서 예수를 못 믿는 사람들이 많고, 사업이 잘되어 주일을 못 지키는 사람도 적지 않다.

그리고 지식 때문에 설교를 제대로 듣지 못한 사람은 얼마나 많은가? 예수 앞에 나올 때는 없는 것보다도 있는 것이 죄가 되고 참된 축복의 거침돌이 되는 일이 많다는 걸 우리는 잊지 말아야 될 것이다.

예화와 관련된 말씀

이는 사람에게 그의 행실을 버리게 하려 하심이며 사람의 교만을 막으려 하심이라(욥 33:17).

15 | 지혜로운 자와 어리석은 자

 연못가에 서 있는 갈대가 조금만 바람이 불어도 이리 저리 나부끼었다. 조금 떨어진 곳에 서 있는 떡갈나무가 이 갈대를 보며 동정하였다.

 "이봐요 갈대, 자네는 바람이 조금만 불거나, 물위에 여울이 져도 머리를 숙여야 하니, 자네의 가냘픈 몸집이 자네 자신에게 너무 무거운 짐이 되겠는 걸." 하며 떡갈나무가 말을 걸어왔다.

 그리고 이어서 "내 건강한 머리를 좀 보게. 햇빛을 멈추게도 하고 강한 폭풍까지도 힘차게 맞설 수 있지. 삭풍이 자네에게는 폭풍이지만 나에겐 미풍만도 못하네. 자네가 내 몸 밑에라도 태어났던들 나의 그늘을 은신처로 삼고 고생이 없을 텐데. 내 생각으로는 자연은 불공평한 것 같네." 라고 말하며 너스레를 떨었다.

 한동안 말없이 듣고 있던 갈대는 "나를 동정해 주는 것은 당연하지만, 그다지 걱정은 마시오. 모든 바람은 나에게보다 당신에게 위험스럽소. 바람이 불면 나는 굽히기는 하지만 꺾이지는 않는다오." 라고 말하자, 떡갈나무는 괘씸하게 생각했다.

이윽고 지평선 저쪽에서 북풍이 휘몰아쳤다. 그러나 떡갈나무는 몸을 굽히지 않고 바람에 맞섰다. 바람은 점점 세차게 불어왔다. 가냘픈 갈대는 당장 쓰러질 것같이 보였다. 그러나 갈대는 바람이 부는 대로 몸을 기울일 뿐 아무 괴로움도 없었다.

한편 떡갈나무는 강한 바람에 힘을 다하여 맞섰다. 바람은 무척 세게 불었다. 떡갈나무는 머리를 하늘을 향하여 쳐들고, 발을 땅에 붙이고 서 있었다. 그러나 끝내 뿌리 채 뽑히고 말았다.

 예화와 관련된 말씀

심히 교만한 말을 다시 하지 말 것이며 오만한 말을 너희의 입에서 내지 말지어다 여호와는 지식의 하나님이시라 행동을 달아 보시느니라(삼상 2:3).

16 | 유명한 것, 훌륭한 것

　엔리코 카루소(1873~1921)는 이탈리아 출신의 테너 가수이다. 감미로운 목소리를 가진 그는 많은 노력으로 폭넓은 음성영역을 구축하여, 뉴욕의 메트로폴리탄 극장에서만 607회나 출연하는 진기록을 보유하는 등 세계적인 명성을 얻었다. 그런데도 그는 장소를 가리지 않고 아무 곳에서나 거리낌 없이 노래를 불러 사람들은 그를 자존심 없는 사람이라고 놀리기도 했다.

　어느 날 그가 시내를 걷다가 옛 친구를 만났다. 두 사람은 어느 음식점으로 들어갔는데, 그곳에는 이미 많은 손님들이 자리 잡고 있었다. 두 사람이 음식을 청할 때 종업원이 그를 알아보고 주방을 향해 소리쳤다.

　"요리사 아저씨! 테너 가수 카루소 선생님이 오셨어요."

　종업원의 말이 떨어지자 요리사가 즉시 달려왔다. 그리고는 아주 공손한 태도로 인사를 했다.

　"선생님을 이곳에서 뵈올 줄은 몰랐습니다. 저는 평소에 선생님의 노래를 직접 듣는 것이 소원이었습니다." 하고 요리사가 말했다.

"그렇다면 지금 당장 이곳에서 들려드리지요." 하고 카루소가 아주 쉽게 말했다.

그의 아름다운 목소리가 식당 홀 안에 가득히 울려 퍼졌다. 노래가 끝났을 때, 모든 손님들은 그가 카루소라는 사실을 알았고 그의 아름다운 선율에 아낌없는 박수를 보냈다. 요리사는 더욱 감격해 했다.

잠시 후, 식사가 시작되어 친구가 카루소에게 왜 아무 곳에서나 그렇게 노래를 부르냐고 묻자 그는 이렇게 대답했다.

"그는 나의 노래를 듣는 것이 소원이라고 했네. 더욱이 저 요리사도 요리를 맛있게 해서 남들을 기쁘게 해주는 예술가가 아닌가. 예술가를 위해 노래하나 하는데 그렇게 인색할 필요가 무엇이겠는가." 하고 말했다는 것이다.

예화와 관련된 말씀

보라 그의 마음은 교만하며 그 속에서 정직하지 못하나 의인은 그의 믿음으로 말미암아 살리라(합 2:4).

17 자신을 낮추는 사람

매년 방학이 되면 정신여고 틴 라이프 중창단이 미주 지역을 순회하며 연주 활동을 벌이곤 했다.

오래 전 인솔자와 함께 중창단이 미국을 방문하여 고등학교, 교회, 대학들을 순방하며 연주를 하게 되었다. 그때 단원은 모두 15명이었다고 한다.

그런데 연주가 끝나고 다른 곳으로 이동을 하기 위해 차를 타야 할 시간만 되면, 학생들이 앞을 다투어 차 있는 데로 뛰어가 서로 먼저 차 안으로 들어가려고 다투기까지 하는 모습을 그 날 동행했던 장로님 한 분이 지켜보고 있다가 인솔자에게 물었다.

"왜 저 학생들은 차를 탈 때마다 앞을 다투어 뛰어갑니까?"

인솔자의 대답은 자동차의 좌석이 열두 좌석밖에 안 되기 때문에 세 명은 차 바닥에 엎드려야 하는데 서로 먼저 타서 엎드리기 위해 그런다는 것이었다. 궁금해진 장로님이 직접 차 있는 데로 가서 확인해 보았다. 아니나 다를까 먼저 뛰어간 두 여학생이 바닥에 엎드려 있었다. 그 장면은 상상할 수도 없는 감동적인 장면이었다.

그날 그 장로님은 정신여고의 중창단을 위하여 15인승 봉고차를 선물로 사주었다. 그것은 엎드리고 얻은 선물이었다.

자신이 지닌 위치나 소유나 입장을 내세워 엎드리지 못하는 사람들이 있다. 그래서 은혜를 받지 못한다. 고넬료보다 더 위대한 조건들을 가지고 있음에도 불구하고, 자신을 낮추고 엎드리는 사람들이 있다. 그래서 그들은 넘치는 은혜를 체험하게 된다.

 예화와 관련된 말씀

그러므로 누구든지 이 어린 아이와 같이 자기를 낮추는 사람이 천국에서 큰 자니라(마 18:4).

18 | 백인부부

아프리카에서 농장을 경영하던 백인 부부가 있었다.

어느 날 갑자기 남편을 잃게 된 여인은 농장을 떠나지 않으면 안 될 처지에 놓이게 되었다.

농장에서 일하던 흑인 하녀의 딸이 이별을 아쉬워하며 주인 여자에게 선물을 주었다. 벌판에서 주워서 가지고 놀던, 소녀가 가장 아끼던 광채 나는 큰 돌이었다.

고향으로 돌아간 여자는 그것이 세계에서 가장 큰 다이아몬드임을 알았고 하루아침에 백만장자가 되었다. 여인은 어느 날 불현듯 흑인 소녀를 기억하고 싸구려 인형을 하나 사서 보내어 주었다. 흑인 소녀는 그 인형과 더불어 행복했다.

매일 인형과 함께 이야기를 나누었다. 마침내 그녀가 나이 들었을 때에 그 인형을 자기의 딸에게 주었다. 그 딸은 그의 어머니가 그러했던 것처럼 인형과 더불어 행복했다. 그것은 사랑하는 어머니의 인생 그 자체였기 때문이었다.

부자가 된 백인 여자는 돈 때문에 파생되는 자식들과의 불화와, 자신의 돈을 노리는 온갖 사람들 때문에 고통 속에서 살다가 죽었다. 그 자식들은 엄청난 유산을 상속받았지만, 그들의 어머니가 그러했던 것처럼 그들도 일생 돈으로 인한 고통에서 해방될 날이 없었다.

당신은 오늘도 무엇을 자식에게 남겨 주려고 애쓰고 있는가? 진실 된 당신의 삶을 물려준다면 그들은 행복할 것이다. 그러나 물질만 주려 한다면 그들은 고통의 감옥 속에 갇히고 말 것이다.

예화와 관련된 말씀

겸손한 자와 함께 하여 마음을 낮추는 것이 교만한 자와 함께 하여 탈취물을 나누는 것보다 나으니라(잠 16:19).

19 | 그림자에 속은 사람

 피곤에 지친 한 마리 여우가 있었다. 강한 자만이 살아남는 밀림에서 하루하루를 살아가기가 퍽이나 두렵고 불안하기만 했다. 벌써 저쯤 떨어진 해를 등지고 비틀비틀 걷던 여우는 자신과 하늘을 향해 불평을 터뜨렸다.
 '난 왜 이렇게 약하게 태어났을까? 왜 나에게는 악어의 이빨과 곰의 발톱과 독수리의 날개가 없는 거야. 이건 너무 불공평 해!'

 그러다가 갑자기 여우는 깜짝 놀랐다. 해를 등지고 있는 자기의 그림자가 얼마나 길쭉하고 얼마나 커다란지 너무 놀랐다. '아니 내 덩치가 이렇게 크다니, 내 키가 이렇게 큰지를 그 동안 왜 내가 몰랐을까? 곰보다도 훨씬 크지 않아? 우와! 이 몸집이면 이 밀림에서 내가 최고 아냐? 우와, 나 자신을 내 스스로 모르고 지냈구나! 이 덩치를 갖고 괜히 이 놈 저놈 눈치보고 비실비실 피해 다녔구나!'

 그리고 보니 정말 자기 덩치는 굉장했다. 그리고보면 볼수록 그 그림자는 자꾸만 커져 갔다. 갑자기 정신이 든 여우는 그 길로 밀림의 모든 동물들에게 할 얘기가 있다며 모이라고 했다. 그리고 다 모여 어리둥절하고 있는 동물들 앞에 나선 여우가 이렇게 말했다.

"야, 이놈들아. 이제부터는 내가 왕이다. 너희가 내 종 해라. 곰, 너 이놈 이제부터 까불지마. 나 드디어 내 정체를 알았단 말이다. 사자, 너도 임마 이제 내 앞에서 몸조심해. 왜 째려 봐 덤빌래? 한 번 해볼래?"

그러다 그 날 그 여우는 사자한테, 곰한테 맞아 죽었다는 이야기가 있다. 이솝우화에 나오는 자기 그림자에 속은 어리석은 여우의 이야기이다.

 예화와 관련된 말씀

스스로 지혜롭다 하며 스스로 명철하다 하는 자들은 화 있을진저(사 5:21).

20 | 유태 속담

유태인들의 속담에 "지식과 물은 높은 곳에서 낮은 곳으로 흐른다." 라는 말이 있다. 그와 같은 이치로 오만한 마음에는 새로운 지식이 들어오지 않는다. 지식을 얻으려면 겸허해야 한다. 또한 이 지식의 물을 담아두는 그릇은 나무 그릇이다. 쇠 그릇 속에서는 물이 부패하고 나무 그릇 속에서는 물이 부패하지 않는다.

또한 "돈이 너무 많은 상태에 있는 사람에게는 지식이 들어가지 않고, 생활에 필요한 만큼의 돈밖에 없는 사람에게는 잘 들어간다." 라는 말도 있다. 부잣집 자식이 반드시 학문의 세계에서 성공하는 것은 아니며, 그 반대의 경우가 많다는 것도 이해되는 것이다.

신앙도 낮은 자가 받아들인다. 나무그릇은 물을 받아들이면 그 물이 촉촉이 배지만 쇠그릇은 그렇지 않다. 이처럼 백부장의 신앙도 나무그릇에 담긴 겸손한 신앙이었다. 그는 자신의 권세와 부와 학문에 대해 겸손했다.

어깨에 힘을 주고 거만히 굴던 사람이 아니라 자기보다 훨씬 신분이 낮은 종의 구원을 청하기 위해 주님께 간구했던 사람이었다. 겸손은 모든 덕의 기본 뿌리이며 기독교인이 갖춰야 할 덕목 중의 하나이다.

주께서 백부장의 겸손한 마음의 믿음을 종의 병을 고쳐주신 것처럼, 진실로 겸허한 마음 밭에서만이 말씀이 심겨져 믿음이 자랄 수 있으며 거기에 하나님의 능력이 임하신다.

예화와 관련된 말씀

네가 누구에게나 혼인 잔치에 청함을 받았을 때에 높은 자리에 앉지 말라 그렇지 않으면 너보다 더 높은 사람이 청함을 받은 경우에 너와 그를 청한 자가 와서 너더러 이 사람에게 자리를 내주라 하리니 그 때에 네가 부끄러워 끝자리로 가게 되리라(눅 14:8,9).

21. 예수님의 마음

페스타루치 선생님은 스위스의 유명한 교육가이시다. 선생님은 고아의 아버지이시며 하나님을 잘 믿는 사랑의 사람이었다. 눈이 펑펑 쏟아지는 어느 겨울 날, 어린 아이들은 추위와 배고픔을 못 이겨 밥과 옷을 달라며 울부짖었고 선생님은 그런 아이들의 소리를 차마 듣고만 있을 수가 없어 밖으로 나왔다. 모자와 구두는 다 떨어져 날름거리며 길을 걸을 때마다 눈이 발가락에 부딪쳤다. 몹시 차갑게 불어오는 눈바람을 맞으며 동네로 내려간 선생님은 지방유지 어른들이 자주 모이는 큰 요릿집을 찾아갔다.

그곳엔 지방유지 어른 몇 분이 앉아 술과 맛있는 요리를 먹고 있었다. 선생님은 모자를 벗고 겸손히 절을 하며 말했다.

"여러 지방유지 선생님! 저희 집 아이들을 도와주십시오. 배고 고파 울고 있습니다."

"오라, 그 고원인가 뭔지 거지 소굴을 만든 사람이군."

"예, 고아원을 하고 있는 페스타루치입니다. 지금 고아원에 양식도 떨어지고 불을 지필 나무도 없습니다. 죄송하지만 이 모자에 한 푼만 보태어 주십시오."

한사람이 일어섰다.

"그래, 거지 새끼들이 배가 고픈 걸 어쩌란 말이요."

그 사람은 선생님을 눈이 쏟아지는 마당밖으로 발길을 찼다. 선생님은 정신을 잃고 쓰러졌다.

얼마 후, 선생님은 옷에 묻은 눈발을 털고 저쪽에 떨어져 있는 모자를 주어 눈을 들었다. 그리고 다시 유지들이 있는 방으로 들어가 절을 하면서 말했다.

"선생님들이 저에게 주신 보상은 그것으로 달게 받겠습니다. 그러나 우리 아이들에게 주실 것이 있으면 이 모자에 넣어 주십시오."

말을 하는 선생님의 눈에는 눈물이 얼룩져 있었다. 페스타루치 선생님은 그렇게 부드럽고 겸손하신 사람이었다.

예화와 관련된 말씀

겸손한 자는 먹고 배부를 것이며 여호와를 찾는 자는 그를 찬송할 것이라 너희 마음은 영원히 살지어다(시 22:26).

22 | I'm OK, You're OK

"심리학자인 해리슨의 저서 가운데 아주 유명한 「I'm OK, You're OK」라는 책이 있다. 이 책의 제목처럼 '나도 옳을 수가 있고, 당신도 옳을 수가 있다.

또 나도 틀릴 수가 있고 당신도 틀릴 수가 있다.'라고 생각하는 사람은 건강한 사람이다.

그런데 문제는 '나는 옳은데 네가 틀렸다'(I'm OK, You're not OK)라고 생각하는 사람이다. 이런 사람은 항상 네가 틀렸다며 상대방을 비난하기 때문에 항상 자기가 정의라고 생각한다. 그리고 자기가 정의의 잣대이기에 다른 사람은 항상 불의 하다고 생각한다.

그래서 이들은 단순한 방법론의 차이, 주관적 해석 등을 가지고 자기가 옳다고 생각하여 다른 사람을 평가한다.

이들은 항상 자신이 옳다고 주장하면서 항상 공격적이고 파괴적이며 비판적인 그런 이론을 진술하는 사람들이다.

심리학자들은 이런 사람들을 거의 환자라고 본다. 이런 사람들은 정신병을 앓고 있는 것이기에 치료해야만 한다.

그렇지 않으면 자신도 불행하고 공동체를 불행하게 만들고 만다. 이런 사람들은 공동체 안의 화평과 조화를 깨뜨리는 경향이 있다.

과연 우리 자신은 어떤 사람들일까?

예화와 관련된 말씀

예수께서 이르시되 너희는 사람 앞에서 스스로 옳다 하는 자들이나 너희 마음을 하나님께서 아시나니 사람 중에 높임을 받는 그것은 하나님 앞에 미움을 받는 것이니라(눅 16:15).

23 | 높임을 받는 겸손

막사이사이는 겸손하고 성실한 사람이었다.
"필리핀이 아름답고, 명랑한 나라가 되려면 공무원의 부패와 부정을 근절해야 합니다!"

그는 이 한 마디의 외침으로써 필리핀의 대통령이 되었다. 그는 루손도의 한 대장장이의 아들로 태어났는데, 어릴 때부터 보고, 겪고, 느끼는 필리핀 민족의 슬픔과 불행을 어떻게 해서든지 없애야 하겠다는 생각을 품고 살았다.

그는 언제나 자신보다는 이웃을 염려하였고, 지금보다는 미래를 준비하는 높은 생각으로 지냈다. 그리하여 올바른 사람이 되겠다는 그의 결심은 자동차 운전수 노릇을 하는 동안에도 옳지 않은 동료들에게 물들지 않게 하였다. 착실하고, 근면하며, 성실한 그는 주위로부터 인정을 받았다. 그래서 양코 버스회사의 지배인이 되고, 제2차 세계대전 후에는 필리핀의 국방 장관이 되었다. 이어서, 그의 나이 겨우 46세 때, 대통령의 자리에까지 올랐다.

그러나 대통령이 되었다고 해서 달라진 것은 없었다. 그는 전과 조금도 다름이 없이 지냈다. 언제나 사람들 앞에서 소박하고, 겸손히 대하였다.

"나의 직책은 대통령이지만, 나의 마음은 이 나라의 한 병사이다."

이것은 곧 막사이사이가 늘 품고 있는 신념이었다. 그러므로 그는 늘 백성들과 같은 처지에서 살고, 같은 곳에 있었으며, 같은 생활을 하고, 또 같은 마음을 지니고 있을 수 있었던 것이다. 대통령이 된 후에, 그가 골똘히 생각한 것은 이 나라의 백성들이 고생하는 까닭이 무엇인가 하는 것이었다.

그것은 공무원들이 권력을 사사로이 이용하고, 권세를 쓰는 때문이라는 것을 깨달았다. 그의 애국적인 노력으로 일반 국민들이 정부를 믿게 되었고, 말 할 수 없이 부패했던 정치가 맑고 깨끗한 정치로 바뀌게 되었다.

 예화와 관련된 말씀

> 모든 겸손과 온유로 하고 오래 참음으로 사랑 가운데서 서로 용납하고(엡 4:2).

24 | 부족한 겸손

두 명의 단짝 친구가 있었다. 한 사람은 크리스천이었지만 다른 사람은 불신자였다.

어느 날 불신자 친구가 크리스천인 단짝 친구를 찾고 있었다. 그런데 그는 친구를 어떤 곳에서도 찾을 수 없었다. 그래서 그는 곰곰이 친구가 있을 만한 곳을 생각해 보았다.

그러다가 갑자기 교회당이 떠올랐다. 왜냐하면 평소에 크리스천 친구가 자주 교회에 가서 기도를 드린다는 것을 알았기 때문이다. 그래서 당장 교회당으로 달려가 교회 문을 열어보니 낯익은 목소리가 들리는 것이었다.

"하나님, 정말 전 부족한 놈입니다. 저는 매일 잘못을 저지릅니다. 용서해 주셔요."

불신자 친구는 그 소리가 나는 앞자리로 조용히 갔다. 그리고 크리스천 친구의 기도를 듣고는 그를 시험해보기로 했다.

"이 부족한 놈아!"

"뭐라고? 너는 뭔데? 내가 부족하다고?"

크리스천 친구는 하나님께 자신이 부족한 사람이라고 고백했지만 그의 마음에는 자신을 진정으로 부족하다고 인정하지 않고 있었던 것이다.

 예화와 관련된 말씀

아무도 꾸며낸 겸손과 천사 숭배를 이유로 너희를 정죄하지 못하게 하라 그가 그 본 것에 의지하여 그 육신의 생각을 따라 헛되이 과장하고(골 2:18).

25 | 사역의 고초

빌리 선데이(Billy Sunday)라는 미국의 유명한 전도자가 있었다. 그의 사역 초기에 이런 에피소드가 있었다. 그는 아주 말을 잘 하고 조금 야성적인 스타일의 전도자였다.

그가 아직 틀이 잡히지 않은 설교자이면서 젊은 목회자로서 어떤 개척교회 같은 작은 교회에서 일을 할 때였다.

한 번은 아주 열렬하게 침을 튀기면서 열심히 설교를 끝낸 후, 그는 교인들과 인사를 나누기 위해 교회 문 뒤로 나갔다. 그때 어떤 교인들이 와서 "아! 목사님, 그런 열렬하고 뜨거운 설교는 처음 들었습니다." 라고 칭찬을 했다.

그런데 그의 옆에 서 계셨던 아주 나이 많은 목사님 한 분이 옆구리를 쿡쿡 찌르면서 "기도해!" 라고 말했다.

그래서 그가 "뭐라고 기도할까요?" 했더니 그 목사님은 "교만하지 말게 하소서." 라고 기도 내용을 말해 주셨다.

그 다음에 어떤 교인이 오더니 "목사님! 무슨 설교를 그렇게 무례하게 하십니까? 시험 들겠어요?" 라고 했다.

그 순간 그는 다시 옆에 있는 나이 많은 목사님을 쳐다보니까 목사님이 또 "기도해!"라고 말했다.

그래서 또다시 그는 "뭐라고 기도할까요?"라고 물었더니 이번에는 "낙심하지 말게 하소서!"라고 말해주었다.

예화와 관련된 말씀

믿음의 주요 또 온전하게 하시는 이인 예수를 바라보자 그는 그 앞에 있는 기쁨을 위하여 십자가를 참으사 부끄러움을 개의치 아니하시더니 하나님 보좌 우편에 앉으셨느니라(히 12:2).

03
그리스도에게 복종

하나님 아는 것을 대적하여 높아진 것을 다 무너뜨리고 모든 생각을 사로잡아 그리스도에게 복종하게 하니(고후 10:5).

01 | 오만한 나귀

그리스 신화에 나오는 이야기이다.

옛날 사모스 섬의 어느 농가에 나귀와 수탉이 함께 살고 있었다. 나귀와 수탉은 한가롭게 놀고 있었다.

그때, 사자가 어슬렁거리면서 나귀와 수탉을 보게 되었다. 숲 속에서 먹을 것을 제대로 구하지 못한 사자가 마을 근방까지 내려온 것이다. 사자는 먹이를 찾아 이곳, 저곳을 어슬렁거리다가 이 집의 담을 넘겨다보게 되었다.

나귀는 사자를 보는 순간 기가 질려 다리가 땅에 붙어버렸다. 그 자리에 서서 꼼짝도 못하고 이 세상을 떠날 준비를 하고 있었다. 그런데, 놀래기는 수탉도 마찬가지였다. 수탉은 어찌나 놀랐던지 지붕 위로 날아 올라가 크게 날개를 치며 죽을 힘을 다해서 울어댔다.

그러자 사자도 두려움으로 놀래는 것이었다. 사자는 이제까지 들어보지 못했던 귀를 찢는 듯한 소리에 기겁을 하게 된 것이다. 사자는 숲 속으로 줄행랑을 쳤다.

이를 본 나귀는 사자도 별 것이 아니라는 생각이 들었다.

그래서 사자를 놀래주려고 하였다. 나귀는 오만함이 생겼다. 도망가는 사자를 혼내줄려고 사자를 쫓아 숲 속으로 따라 들어갔다. 나귀는 사자를 쫓아가면서 수탉의 울음소리를 흉내를 내었다.

사자는 생전 처음 들은 무서운 소리가 들리지 않는 데까지 도망쳤다. 이때, 사자가 뒤를 돌아보았다. 뒤쫓아 오던 나귀가 힘이 들었던지, 그만 헐떡거리며 따라오고 있는 것이었다.

순간, 사자는 몸을 뒤로 날려서 나귀에게 달려들었다. 사자는 나귀의 뒷발을 물어서 뜯고, 목을 잡아 쓰러뜨렸다. 사자는 나귀를 아주 쉽게 잡아먹었다.

예화와 관련된 말씀

교만은 패망의 선봉이요 거만한 마음은 넘어짐의 앞잡이니라 (잠 16:18).

02 | 자기 자신을 다스리는 자기 규범

성 베르나드는 모든 덕 중에 겸손이 가장 중요한 덕이라는 것을 깨달았다. 모든 잘못은 교만에 있고 겸손하기만 하면 자유하고, 평화롭고, 능력의 사람이 된다는 것을 깨닫고 스스로 자기가 자기를 위해서 덕을 익히기 위하여 규례를 만들었다. 그래서 자기 자신을 다스리는 자기 규범을 만들었다.

첫째, 자기가 자기 죄를 알고 비천에 처할 줄로 알라.

'내가 가장 큰 죄인이다, 모든 사람 중에 내가 큰 죄인이다' 라고 하는 것을 알고 자기 스스로의 위치를 가장 낮은 데에다 두라.

둘째, 자기 죄를 통회하고 사실대로 고백하라. 죄가 그대로 나타나는데 대해서 부끄러워하지 마라. 잘못해서 잘못했다는데 그것이 잘못인가? 숨길 것도 없고 변명할 것도 없다. 잘못과 실수에 대해서 일체 변명하지 말고 통회자복하고 그대로 정직하게 자기를 내세우고 살아라. 그것이 겸손이요, 이것을 은폐하려고 하면 안 된다.

셋째는, 남이 자기의 결점을 알고 그리고 업신여기든가 멸시할 때 결코 그를 원망하지 마라. 내 잘못이 잘못이니만큼 무슨 말을 하든 말든 그대로 고맙게 받아들이라. 그것이 겸손이다. 추호도 원망하지 마라. 혹은 섭섭한 마음도 가지지 마라. 그것이 겸손이다.

이렇게 하여 자기가 자기를 일깨웠다. 또 사람이 나를 비난할 때, 혹은 모욕을 할 때, 그런 굴욕을 당할 때 하나님을 생각하고 조용히 참으라. 오히려 그에게 감사하라고 하였다. 내가 모욕을 당할 때 절대로 비굴해져서는 안 된다. 동시에 나를 모욕하는 사람을 미워해도 안 되고 이것 때문에 원망할 것도 없다. 그것이 겸손이다.

마지막으로 그는 이렇게 생각했다. 모든 전쟁과 공포와 역경과 고민과 이런 많은 사건들이 있을 때 걱정하지 마라. 언제 내 힘으로 살았냐? 어차피 하나님의 능력으로 사는 것인데 내가 뭔데 걱정을 하느냐, 그것은 교만이다.

예화와 관련된 말씀

겸손한 자는 먹고 배부를 것이며 여호와를 찾는 자는 그를 찬송할 것이라 너희 마음은 영원히 살지어다(시 22:6).

03 | 할랜드 샌더스

미국 켄터키 주에 살던 할랜드 샌더스는 65세가 되던 해에 새로운 도전을 결심했다. 호주머니 속의 105달러짜리 수표와 고물 자동차가 그의 재산의 전부였지만, 그는 인생을 이렇게 끝낼 수 없다고 생각했다.

자신의 유일한 재주가 닭고기 요리라는 것을 생각해 낸 그는 흰색 양복을 차려 입고, 닭고기 레시피와 양념통을 들고 식당 주인들을 찾아 나섰는데, 그렇게 시작된 프랜차이즈 사업이 바로 '켄터키 후라이드 치킨'(KFC)이다.

그는 90세를 일기로 세상을 떠날 때까지 전 세계 20만 마일을 여행하면서 KFC 왕국을 건설할 수 있었다. 그는 청장년 시절 무척 교만한 사람이었다고 회고하고 있다.

그런데 미국에 닥친 경제 불황을 겪으면서 사업은 위축되고, 경영하던 식당도 화재로 다 타버리고 말았다. 유일한 희망이었던 아들마저 잃고 아내도 그의 곁을 떠나자 그는 일종의 정신적 공황을 앓았다.

환갑이 넘어 초라한 모습으로 전락한 그는 어느 날 예배당 앞에 앉아 노래를 부르는 한 여인의 찬송 소리를 들었다.

"너 근심 걱정 말아라. 주 너를 지키리. 주 날개 밑에 거하라 주 너를 지키리."

찬송가 432장이었다. 이 찬송을 듣고 그는 하염없이 회개의 눈물을 흘렸다. 교만하게 살았던 지난 날을 회개하고 자신을 낮추기로 결단했다.

그리고 양념통을 들고 다시 일어섰다. 이것이 그의 65세 인생에서 재개의 계기가 된 사건이었다. 그가 자신을 낮추자 하나님이 그를 높이기 시작하셨다.

예화와 관련된 말씀

사람들이 너를 낮추거든 너는 교만했노라고 말하라 하나님은 겸손한 자를 구원하시리라(욥 22:29).

04 | 성 프란체스코의 겸손

어느 날 성 프란체스코의 사랑하는 제자 한 사람이 깊이 기도 중에 환상을 보는데 천국에 이끌려 갔다. 이곳저곳을 보는데 가장 높은 곳에 영광스럽게 장식된 보좌를 보게 되었다. 천사에게 물었다.

"저 자리는 누구를 위해서 예비 된 자리입니까?"

천사가 대답하기를 "세상에서 제일 겸손한 성 프란체스코를 위해서 마련된 것이오."

이 말을 듣는 순간 아무리 자기 스승이지마는 너무 높임을 받는 것이 아닌가 해서 시기심이 났다.

'우리 스승이 그런 대접을 받을 만큼 위대한 스승은 아닌 듯 싶은데…' 하면서 환상에서 깨어났다.

제자는 스승을 따라다니면서 지켜보았다. 어느 날 스승과 단 둘이 만나게 되었다. 그때 시험을 걸었다.

"선생님, 선생님은 스스로를 어떤 사람이라고 생각하십니까?" 프란체스코는 서슴지 않고 "물론 세상에서 제일 악한 사람이라고 생각하지." 대답했다. 제자는 반박했다.

"그것은 거짓말입니다. 위선입니다. 세상에 살인자 강도자가 많은데 세상에서 스승이 제일 악한 사람이라니요?"

성 프란체스코는 빙그레 웃으시면서 아주 평화스러운 가운데 진실을 말했다.

"그건 자네가 몰라서 그래. 나는 원래 악한 사람이었어. 지금도 악한 사람이야. 그리고 오늘 내가 이만큼이라도 되어 있다는 것은 오직 하나님의 은총일세. 만약에 내가 하나님께로 받은 이 많은 은혜를 하나님께서 다른 사람에게 베푸셨다면 그 사람들은 나보다 훨씬 더 선한 사람들이 되었을 게야."

참 겸손이란 어떤 것인가? 자기 자신의 악함, 부족함, 괴수임을 알아야 한다. 이것이 겸손이다.

 예화와 관련된 말씀

진실로 그는 거만한 자를 비웃으시며 겸손한 자에게 은혜를 베푸시나니(잠 3:34).

내 아들아 네가 네 이웃의 손에 빠졌은즉 이같이 하라 너는 곧 가서 겸손히 네 이웃에게 간구하여 스스로 구원하되(잠 6:3).

05 | 요리사 수도원장

제1차 세계대전 때 참전하였다가 다리를 다친 한 젊은이가 있었다. 그는 수도사가 되는 것이 소원이었지만 학력부족으로 수도사가 될 수는 없었다.

그런데도 수도사에 대한 미련을 버리지 못한 그는 간청 끝에 수도원의 요리사로 들어갔다. 그는 비록 수도사가 아닌 요리사였지만 하나님께 감사를 드렸다.

그는 수도사들이 열심히 공부하고 수도를 하는 동안에 그들을 위하여 주방에서 열심히 요리를 만들었다.

세월이 흘러 주방에서 요리를 하던 요리사가 그 수도원의 원장이 되었다. 수도사가 될 수 없었던 그가 어떻게 수도원의 원장이 되었겠는가?

그는 자신의 모든 이론을 파하고 교만해진 모든 생각을 사로잡아 그리스도에게 복종케 하였다.(고후 10:5) 그는 쉬지 않고 기도하는 삶을 살았다.

그는 시장 보러 갈 때에 "주님, 좋은 식품을 값싸게 구입하게 하시어 수도사들이 잘 먹을 수 있도록 해주시옵소서."

라고 기도했으며, 설거지를 하면서 "주님, 제가 그릇을 씻어 깨끗하게 하는 것처럼 예수 그리스도의 보혈로 내 마음과 몸을 깨끗하게 씻어 주옵소서." 라고 기도했다.

심지어 불을 지피면서도 "주님이시여, 이처럼 성령의 불이 내 마음속에 타게 해주옵소서." 라고 기도한 것이다.

예화와 관련된 말씀

"사람이 교만하면 낮아지게 되겠고 마음이 겸손하면 영예를 얻으리라"(잠 29:23)

하나님 아는 것을 대적하여 높아진 것을 다 무너뜨리고 모든 생각을 사로잡아 그리스도에게 복종하게 하니(고후 10:5).

06 | 제럴드 무어

제럴드 무어라는 유명한 피아노 반주자가 있었다. 그는 일평생 한 번도 독주 무대를 갖지 않고 유명한 성악가들의 반주만 했다. 수십 번이 될지 수백 번이 될지 모르지만 그는 많은 청중들에게 자기 반주가 유명한 성악가들의 노래에 누를 끼치지는 않는지 항상 염려했다.

그리고 한때 자신의 피아노 소리로 성악가들의 목소리를 눌러버렸던 적이 있음을 미안하게 생각했다.

이 위대한 반주자를 위해 특별히 마련된 연주회가 있었다. 이 연주회에서도 그는 여전히 유명한 성악가들의 노래를 돕는 반주자임을 잊지 않았다. 그는 유명한 피아니스트는 아닐지 모르지만 위대한 반주자임에는 틀림없다.

문득 "그는 흥하여야 하겠고 나는 쇠하여야 하리라"(요 3:30)고 했던 세례 요한을 떠올렸다. 또한 친구 다윗을 향해 "너는 이스라엘 왕이 되고 나는 네 다음이 될 것을 내 부친 사울도 안다."고 했던 왕자 요나단도 생각났다.(삼상 23:17)

이들은 모두 자신의 명예나 위신을 위해 살기보다는 다른 사람을 세우기 위해 자신을 낮춘 사람들이다.

이런 사람들이 많을 때 그들이 속한 공동체는 하나님 나라가 된다. 그러므로 교회는 물론 사회에도 이런 사람들이 필요하다.

지금 나는 어떤 자세로 일하고 있는가? 그저 내 만족을 위해서나 내 명예를 위해 하고 있지는 않는가?

예화와 관련된 말씀

> 무릇 자기를 높이는 자는 낮아지고 자기를 낮추는 자는 높아지리라(눅 14:11).

07 | 오래된 구두

사람들은 종종 심장 수술을 하는 외과 의사를 의학계의 독보적인 존재로 인식한다. 인공 심장 분야를 개척했던 윌리엄 드브리스 박사를 아는 사람들은 이 사실에 더욱 동의할 것이다. 켄터키 주 루이스빌에 있는 후마나 병원의 동료들은 드브리스 박사에 대해 "낙심한 환자들의 기운을 북돋아 주려고 주일마다 나타나는 의사"라고 설명했다.

드브리스 박사는 가끔 간호사들의 임무인 환자복 갈아입히기도 자진해서 했고, 환자가 대화를 원하면 기꺼이 응해 주기도 했다. 친구들은 드브리스에 대해 어디를 가든지 적합하게 들어맞는 "오래된 구두"라고 불렀다.

그는 수술실에서 카우보이 장화 신기를 좋아했고, 종종 비발디나 재즈 음악을 들으면서 심장 수술을 했다. 루이스빌의 심장 전문의 로버트 구딘은 말한다.

"그는 항상 웃음을 머금고 웃음을 발산할 수 있는 기회를 찾곤 했어요."

당신이 아무리 높이 올라갔다고 하더라도 무(無)에서 출발

했다는 사실을 기억하라. 당신이 엄청난 부귀와 특권을 갖고 태어났다고 하더라도 무기력한 갓난아기였다는 사실을 결코 잊지 말라.

진정한 성공은 다른 사람의 섬김을 받는 자리에 도달했을 때가 아니라, 어느 자리이든 다른 사람을 섬기는 자리에 있을 때라는 사실을 인식해야 한다.

- 「새로운 출발을 위한 하나님의 선물」, 어너 북스

 예화와 관련된 말씀

여호와여 다윗을 위하여 그의 모든 겸손을 기억하소서(시 132:1).

08 | 작은 사람의 겸손

성 프란시스코의 이러한 예화가 있다. 아시시의 성자 프란시스코에게 한번은 브라더 마사오가 진지하게 물었다.

"당신은 그렇게 용모가 뛰어나지도 아니하고 학식도 없으며 귀족의 혈통도 아닌데도 불구하고 모든 사람들이 당신을 따르며 모든 이들이 당신을 보기를 바라며, 당신에게 듣기를 바라며, 당신에게 순종하기를 원하고 있는 것은 무엇 때문입니까? 어째서 세상 사람들이 당신에게 순종하고 있는지 그 이유를 알 수 없습니다."

그때에 프란시스가 대답하기를, "그 이유는 가장 높이 계시는 분의 시선이 그런 일을 하시고자 뜻하셨기 때문이요. 그 분은 모든 사람들을 보고 계시는데 가장 거룩한 눈으로 죄인 중에서도 더 이상 죄인일 수 없는 작은 사람, 이보다 더 죄인일 수 없는 작은 사람, 이 보다 더 자격 없고 이보다 더 죄인인 사람을 찾으실 수가 없었던 것이요. 그래서 그 분은 놀라운 일을 성취하기 위하여 나를 택하셨다오. 그 분은 나보다 더 천한 인간을 찾으실 수 없었기 때문에 나를 택하셨고 또한 이 세상의 고귀한 신분과 위엄, 강함, 미모, 그리고 학식을 깨뜨리기 원하셔서 그렇게도 미천한 나를 택하셨던 것이요."

그러므로 가장 곤란한 사람은 결점이 있는 사람이 아니다. "어찌할꼬!" 하는 사람들이 아니다. 문제의식이 없는 사람, "나는 괜찮겠지. 아무 염려 없다. 나는 부자이다. 부족함이 없다. 평안하다…" 하는 사람이 제일 곤란하다.

그러므로 끊임없이 자신을 향하여 영적인 질문을 하는 자가 되자. 구원에 이르는 신령한 근심이 있는 자는 복이 있는 자이다. 어둠과 무지는 물러가고 점차 서광이 비쳐오며 소생케 되는 기쁨과 건강이 있을 것이다.

 예화와 관련된 말씀

주의 종에게 하신 말씀을 기억하소서 주께서 내게 소망을 가지게 하셨나이다(시 119:49).

09 | 겸손의 능력

얼마 전 1만 명의 성도가 넘는 교회에 장로헌신예배 설교자로 초청을 받았다. 그 교회는 담임 목사님과 원로 목사님이 훌륭하신 것도 유명하지만 사회적으로도 영향력 있는 성도들이 많은 교회로도 유명했다.

식사를 하면서 그 교회의 존경받는 어느 장로님 이야기를 들었다. 그 장로님은 토요일이면 교회에 나오셔서 젊은 교역자들의 구두를 모아 깨끗하게 닦아주신다는 것이다. 동료 장로님들은 "교회의 보배 같은 장로님"이라며 존경과 칭찬을 아끼지 않으셨다. 얼마나 감동이 됐는지 모른다.

아들 뻘 되는 교역자들의 구두를 닦아주시면서 그들을 위해 기도하실 것을 생각하니 저절로 고개가 숙여졌다.

'이렇게 겸손한 장로님이 계시니 교회가 능력이 있고, 민족과 열방을 위해 쓰임 받는구나' 하고 생각했다.

겸손에는 놀라운 감동과 능력이 있다. 신앙인은 예수 그리스도의 마음을 품을 때 진정한 능력을 얻는다.

사람들이 지도자에게 요구하는 것은 전문적인 지식과 능

력, 탁월한 리더십이다. 그러나 하나님께서 당신의 일꾼을 세우실 때는 무엇보다 그리스도를 닮은 겸손을 원하신다.

내 뜻이 아닌 하나님의 뜻을 따라 예수님처럼 순종하는 겸손한 사람은 능력이 있다. 낮아짐은 오히려 높아지는 능력이고, 미련함은 오히려 지혜롭게 되는 능력이며, 약해짐은 오히려 강해지는 능력이다.

- 정승룡 목사(대전 늘사랑침례교회)

예화와 관련된 말씀

너희 안에 이 마음을 품으라 곧 그리스도 예수의 마음이니(빌 2:9).

10 | 담장 위의 거북이

미국 흑인들의 애환을 그린 '뿌리'의 작가 알렉스 해일리(Alex Haley)는 작가가 되려는 꿈을 품고 날마다 열 시간 넘게 글을 썼다. 여러 편의 작품을 출판사에 보냈으나 매번 거절을 당했다.

그러다 39세 때 흑인 지도자 말콤 엑스를 만나 그의 자서전을 출판하면서 베스트셀러 작가로 거듭 났다.

그는 자신의 사무실에 이상한 그림을 걸어놓았다고 한다. 거북이가 높은 담장의 꼭대기에 올라가 있는 그림이다. 어느 날 집에 왔던 친구가 물었다.

"자네의 명성에 걸맞지 않은 사진이군."
"왜 이상한 그림을 걸어 놓았소?"
해일리는 이렇게 대답했다.

"난 내가 쓴 작품을 볼 때 '어떻게 이런 위대한 글을 쓸 수 있었는가, 어디서 이런 영감을 얻을 수가 있었는가' 생각하며 스스로 교만심이 들 때가 있습니다. 그럴 때마다 저는 저 그림을 보고 생각합니다. '저 거북이가 제 힘으로 스스로 저

높은 담장에 올라갈 수 있었을까? 누군가의 도움으로 올라갔을 것이다. 내가 이렇게 올라올 수 있었던 것은 오로지 하나님의 도우심이 있기 때문에 가능한 것이었다.' 이런 생각을 함으로써 스스로 교만하지 않고 하나님께 감사하는 마음을 잊지 않도록 하기 위함입니다."

이처럼 하나님께서는 겸손한 사람을 크게 사용하신다.

예화와 관련된 말씀

> 심히 교만한 말을 다시 하지 말 것이며 오만한 말을 너희의 입에서 내지 말지어다 여호와는 지식의 하나님이시라 행동을 달아 보시느니라(삼상 2:3).

11 | 아래로 가는 사람들

지난 여름 일본 오사카 역 뒷골목에서 노숙자들을 위해 밥 짓는 일을 하고 있는 한 일본 목사님을 뵐 기회가 있었다. 그분은 대화 중에 나에게 하나의 그림을 보여 주셨다.

한 끼의 밥을 얻어먹기 위한 노숙자들의 행렬 속에 예수님이 남루한 옷차림으로, 빈 깡통 그릇을 들고 줄을 서서 기다리고 있는 그림이었다.

목사님은 예수님이 바로 노숙자들의 행렬 속에 서 계신 모습을 보았다는 것이다. 그래서 노숙자들을 위해 밥을 지어 제공하는 사역을 죽을 때까지 하겠노라고 서원했다고 말씀하셨다. 목사님은 그 그림의 제목을 '아래로 올라가는 사람'이라고 붙이셨다.

많은 사람들은 아래로 내려가기보다는 위로 향하여 올라가려고 한다. 그래서 출세와 성공, 부와 명예를 좇는 것을 인생의 최고 목표로 삼는다.

하지만 예수님은 인간의 몸으로, 세리와 죄인들의 친구로, 종으로, 철저히 아래로 내려가셨다. 어떻게 우리가 예수님처럼 살 수 있겠는가?

다만 우리는 예수님을 닮아가는 사람들이다. 그래서 힘들지만 아래로 올라가도록 하는 노력은 필요하다.

- 「교육교회」, 장신대 기독교 교육연구원

 **예화와 관련된 말씀**

또 누구든지 제자의 이름으로 이 작은 자 중 하나에게 냉수 한 그릇이라도 주는 자는 내가 진실로 너희에게 이르노니 그 사람이 결단코 상을 잃지 아니하리라 하시니라(마 10:42).

12 | 나는 항상 배우는 사람이다

　미국에서 남북전쟁이 한창일 때였다. 하루는 링컨 대통령이 전쟁으로 부상을 입은 환자들이 입원해 있는 병원을 방문했다. 그곳의 병원장은 좀 교만한 편이었다. 그는 자신을 내세우며 나서기를 좋아하는 사람이었다. 그는 환자들을 둘러보고 있는 링컨 대통령과 그의 참모들 앞에서 자신의 의술을 한껏 자랑하듯이 이렇게 말했다.

　"각하, 이 부상병들은 사실 치료가 불가능할 정도로 상처가 깊은 사람들이었습니다. 그런데도 이들의 생명을 구할 수 있었던 이유는 우리의 의술이 워낙 뛰어났기 때문입니다."

　그때 한 군의관이 숨을 헐떡이며 그곳으로 달려왔다. 그리고는 병원장에게 민망한 듯이 이렇게 보고했다.

　"원장님, 워낙 급한 상황이라서 지금 보고를 드리지 않을 수 없습니다. 며칠 전 성공적으로 수술을 받은 한 사병이 방금 건물에서 뛰어내려 자살했습니다. 그런 불구의 모습으로는 세상을 살아가기가 싫다는 이유였습니다."

그 말을 들으면서, 링컨 대통령은 병원장을 향하여 이렇게 말했다. "의술만으로 사람의 병을 고칠 수는 없습니다. 온전한 의술은 사람의 마음까지 함께 치료할 수 있어야 합니다. 마음을 치료하는 최고의 약은 하나님을 의지하는 신앙심입니다. 그러니 이 병원에서도 이제부터는 환자들의 마음에 신앙심을 고취시키는 일에 힘쓰도록 하십시오."

링컨의 말에 병원장은 얼굴을 붉혔다. 링컨 대통령은 겸손했다. 그리고 온유했다. 그래서 그는 비록 학교교육을 제대로 받아본 적이 없음에도 불구하고, 모든 사람에게 훌륭한 인물로 존경을 받는다. 그는 항상 이런 말을 했다.

"나는 항상 배우는 사람이다. 모든 사건을 통해 배우고 모든 사람을 통해 배운다. 오늘도 또 배운다."

그저 자기가 제일인줄 알고 배우려고 들지 않는 사람은 교만한 자이다. 언제나 배움의 자세로 사는 사람은 절로 겸손할 수밖에 없다.

예화와 관련된 말씀

> 나는 마음이 온유하고 겸손하니 나의 멍에를 메고 내게 배우라 그리하면 너희 마음이 쉼을 얻으리니(마 11:29).

13 | 겸손과 호의

마빈 토케이어가 편집한 「탈무드」에 시집가는 딸에게 보내는 현명한 어머니의 글이 실려 있다.

내 딸아!
만약 네가 남편을 왕처럼 존경한다면,
그는 너를 여왕처럼 다룰 것이다.
그러나 네가 노예 여자처럼 행동하려고 하면,
남편은 너를 노예처럼 다룰 것이다.
만약 네가 너무 자존심이 높아서
그에게 봉사를 게을리 한다면
그는 너를 하녀로 만들어 버릴 것이다.
만약 남편이 그의 친구를 방문할 때는,
그를 목욕탕에 들어가게 해서
옷차림을 단정하게 하여 방문토록 해야 한다.
그렇게 하면 남편으로부터 소중하게 여겨질 것이다.
항상 가정에 신경을 쓰고,

그의 소지품을 소중하게 해라.

그는 기뻐서 너의 머리 위에 관을 바칠 것이다.

모든 관계를 파괴하는 가장 큰 원수는 바로 '교만'이다.

반대로 모든 관계를 친밀하게 만드는 비결은 '겸손'과 '호의'일 것이다.

 예화와 관련된 말씀

모든 겸손과 온유로 하고 오래 참음으로 사랑 가운데서 서로 용납하고(엡 4:2).

그러므로 너희는 하나님이 택하사 거룩하고 사랑 받는 자처럼 긍휼과 자비와 겸손과 온유와 오래 참음을 옷 입고(골 3:12).

14 | 작은 부분까지도 겸손하게

어떤 학생이 시험에 꼭 붙을 것이라고 확신했는데, 어이없이 떨어졌다면 그 결과를 받아들이기가 너무나 어려울 것이다.

"뭔가 중요한 사무착오가 생긴 것이 틀림없어. 그렇지 않다면 어떻게 내가 떨어질 수가 있어? 이건 분명히 무슨 문제가 있는 거야!"

시합에서도 마찬가지이다. 도저히 질 리가 없는 시합에서 엄청나게 패하고 나면 다음 시합을 할 의욕이 생기지 않는다.

이스라엘 사람들이 그랬다. 그들은 자신들이 의로운 전쟁을 하고 있고 숫자도 많기 때문에 당연히 이기리라고 낙관했다. 그러나 뜻밖에도 대패하게 되자 마음이 낮아져서 하나님 앞에 무릎을 꿇고 물었다.

"하나님, 도대체 무엇이 잘못되었길래 우리가 이렇게 크게 패했습니까? 우리의 잘못이 무엇인지 가르쳐 주십시오."

우리는 옳은 편에 서 있다고 생각할 때 상대방을 과소평가

하기 쉽다. 물론 옳으냐 그르냐도 중요하다. 그러나 하나님은 내가 옳은 편에 서 있더라도 자만하지 말고 겸손하며 진지하기를 바라신다. 자신은 분명히 정의의 편에 서 있고 아무리 생각해도 이기게 되어 있는데, 크게 패배하거나 좋지 않은 결과가 나올 때에는 당연히 가치관의 혼란이 오게 되어 있다.

이러한 패배는 무엇을 말하는가? 이 질문에 대한 대답은, 내가 옳은 편에서 일했다는 것 자체가 모든 축복을 보장해 주는 것은 아니라는 데 있다. 내가 정말 옳은 편에 서 있다면 더 겸손해져야 하고 더 진지해져야 한다. 이것이 하나님이 원하시는 자세이다.

- 「위대한 부흥의 불꽃, 이스라엘의 사사들」, 김서택

 예화와 관련된 말씀

나를 또 넓은 곳으로 인도하시고 나를 기뻐하시므로 구원하셨도다(삼하 22:20).

15 | 겸손함과 비굴함의 차이

자공이 공자에게 이런 질문을 했다.

"가난하면서도 비굴하지 않고 부유하면서도 교만하지 않다면 어떻겠습니까?", "괜찮지. 하지만 가난하면서도 즐겁고 부유하면서도 예를 좋아하는 것만은 못하겠다."

이 질문과 생각나게 하는 이야기가 있다.

어느 시골에 겸손하고 부지런하여 칭찬이 자자한 사람이 있었다. 마을 사람들은 누구나 그를 좋아해서 일이 있을 때마다 그를 찾았다. 그 마을에 사는 한 소년도 그를 무척 좋아하면서 그의 가난함을 안타까워했다.

그런데 몇 년 후 이 소년이 성년이 되어 다시 고향을 찾았을 때 그 사람은 전혀 다른 사람이 되어 있었다. 그의 태도는 예전과 달리 거만스러워졌고 별로 일도 하지 않으면서 마을을 어슬렁거렸다.

'나도 이제 남 못지않게 돈이 있다.'는 교만한 모습이었다. 가난한 시절에 그 사람이 겸손했던 것은 참 겸손이 아니었다. 그것은 비굴함이었다. 그의 부지런함 역시 가난이 준

구차한 몸부림에 불과한 것이었다.

"내가 비천에 처할 줄도 알고 풍부에 처할 줄도 알아 모든 일 곧 배부름과 배고픔과 풍부와 궁핍에도 처할 줄 아는 일체의 비결을 배웠노라"(빌 4:12)

바울이 이렇게 자족할 수 있었던 것처럼 기독교인의 품성은 환경을 초월하는 것이어야 한다.

- 임종수 목사(큰나무교회)

예화와 관련된 말씀

여호와께서 겸손한 자들은 붙드시고 악인들은 땅에 엎드러뜨리시는도다(시 147:6).

16 | 마리안 앤더슨

 마리안 앤더슨이라는 가수가 있다. 그녀는 흑인 가수로서, 콘서트 가수로서 유명한 사람이다.
 어느 날, 기자가 인터뷰를 하면서 그녀에게 물었다.
 "당신의 생애에 있어서 가장 즐거웠던 날은 언제입니까?"
 우리가 보기에는 마리안 앤더슨에게 즐거웠던 날은 참으로 많았다. 토스카니니가는 유명한 지휘자는 '앤더슨은 1세기에 하나 나올까 말까 하는 훌륭한 음성을 가졌다'고 했다. 그런 칭찬을 들을 때마나 얼마나 좋았겠는가?
 또 그녀는 루즈벨트 대통령 내외와 영국여왕이 참석한 백악관의 파티에서 노래를 불렀다. 또 흑인으로서는 처음으로 큰 음악회를 여러 곳에서 열었다. 정말로 수많은 칭찬과 박수와 갈채를 받았다. 그러나 의외로 그녀는 이런 대답을 했다.
 "내가 가수로 인정을 받고 어머니한테 돌아가서 '어머니, 이제부터는 남의 빨래를 하지 않아도 됩니다.' 라고 말씀을 드린 그 날이 내 생애에서 가장 즐거웠습니다."

이 얼마나 겸손한 얘기고, 얼마나 절실한 얘기인가?

그녀는 한때 너무나도 어려웠다. 그래서 늘상 말을 했다. 어머니의 기도 덕분에 내가 있고, 몇 번이고 좌절할 때마다 어머니가 나를 위로했기에 다시금 일어서서 이런 세계적인 가수가 됐다고.

그래서 남의 빨래를 하면서 한평생 산 어머니에게 그런 말씀을 드리던 그 날이 제일 행복했다는 것이다.

얼마나 소박하고 얼마나 겸손한 이야기인가?

예화와 관련된 말씀

겸손과 여호와를 경외함의 보상은 재물과 영광과 생명이니라 (잠 22:4).

17 | 남을 낮게 여기며

 러시아의 소설가로 안톤 체호프이라는 사람이 있었다. 1994년에 발표한 단편 「귀여운 여인」이 있다. 이 소설의 주인공은 올렌카이다. 처음 그녀는 젊은 극장주인과 결혼을 했다. 남편을 진심으로 사랑한 올렌카는 왠지 남편의 모든 것이 좋았다. 이런 상태에서 어찌 서로 간격이 있겠는가.

 남편이 가치있게 여기는 것은 자기에게도 가치있고, 남편의 취미는 어느덧 자기의 취미가 되었다. 두 사람이 완벽한 한 몸으로 변한 것이다. 이렇게 되니 그녀는 자연스럽게 남편의 활동에 적극적으로 동참했고, 그래서일까 예전엔 적자로 허덕이던 극장이 흑자를 기록하게 되었다.

 그러나 올렌카에게 예기치 못한 불행이 찾아들었다. 모스크바에 일을 보러 간 남편이 그곳에서 세상을 떠났기 때문이다. 하늘이 무너져 내리는 것 같은 충격과 엄청난 상심의 한때를 지나 그녀는 두 번째 남편 바실리를 만났고 다시 한 번 행복한 삶이 전개되었다. 남편은 상당히 큰 목재상을 경영하고 있었는데 올렌카는 그와 결혼하면서부터 단박 목재에 관해 해박한 지식을 지니게 되었고 아울러 남편의 일을 잘 도울 수가 있었다. 그녀는 사랑의 대상이 지닌 모든 것을 흡수하여 자기 것으로 만드는 천부의 재질을 지니고 있었다고나 할까. 이렇게 단란했던 두 번째 결혼 생활도 바실리가 병들어 죽으면서 종막이 찾아오고 말았다.

인생에서 어떤 일이 닥칠지라도 산 사람은 살아야 한다. 사람은 사랑을 떠나서는 참된 삶이 없는 것이기에 올렌카는 어느 수의장교와 다시 한 번 사랑을 한다.

그때도 그녀는 수의사가 지닌 모든 것을 자기의 것으로 흡입해 들였다. 상당한 우여곡절을 겪은 후 홀로 남은 올렌카는 마치 에스겔 골짜기의 마른 뼈같이 황량한 생을 무의미하게 보내고 있었다. 사랑의 대상을 모두 잃었기 때문이다. 그러나 혈연적으로 아무 상관도 없는 수의장교의 아들을 맡아 키우면서부터 그녀의 삶에 윤기가 되살아났다. 역시 사랑의 대상과 하나 되어진 그녀의 모습을 보여 준 것이다. 사랑과 겸손은 능력이다.

 예화와 관련된 말씀

> 아무 일에든지 다툼이나 허영으로 하지 말고 오직 겸손한 마음으로 각각 자기보다 남을 낫게 여기고(빌 2:3).

18 | 스타에서 코치로

 음악회에서 종종 피아니스트 옆에 앉아 있는 사람이 있다. '페이지 터너(page turner)'로 악보를 넘겨주는 사람이다. 어떻게 보면 하찮을 수도 있지만 예민한 피아니스트에게는 연주를 망칠만큼 중요하다.

 페이지 터너에게는 반드시 지켜야 할 점이 있다.

 연주자보다 돋보이게 화려한 옷을 어서는 안 된다 그리고 타이밍을 놓쳐서도 안 된다. 연주자를 건드려서도 안 되고, 악보를 넘길 때 소리를 내서도 안 된다.

 이렇게 드러나진 않지만 꼭 있어야 하는 사람이 바로 페이지 터너다.

 어느 시대나 영향력이 큰 스타는 필요한 존재이다. 제대로 된 스타 한 사람은 수많은 사람을 이끌 수 있다.

 그런데 스타는 저절로 되지 않는다. 키워주는 사람이 있어야 하는 것이다. 스타는 빛나지만, 그를 키우는 사람은 빛나지 않는다.

 그럼에도 스타를 키우는 사회가 건강한 사회다. 스타는 코치가 키운다. 코치가 많은 사회, 코치로 살려는 사람이 많은 세상이 성숙한 사회. 보이지 않는 코치를 어떻게 여기냐에 따라 우리 삶의 성패가 달려 있다.

예화와 관련된 말씀

거역하는 자를 온유함으로 훈계할지니 혹 하나님이 그들에게 회개함을 주사 진리를 알게 하실까 하며(딤후 2:25).

들의 모든 나무가 나 여호와는 높은 나무를 낮추고 낮은 나무를 높이며 푸른 나무를 말리고 마른 나무를 무성하게 하는 줄 알리라 나 여호와는 말하고 이루느니라 하라(겔 17:24).

19 | 철가방을 든 호랑이

어느 동물 나라에 늙은 거북이 한 마리가 살고 있었다. 착한 거북이는 누군가 조금만 큰 소리를 질러도 몸을 숨겼다. 그러다 설움이 복받치면 물속에 들어가 실컷 울고 나왔다.

아침부터 여우란 놈이 분주히 쏘다니면서 호랑이 임금님께 기쁜 소식을 전했다.

"폐하의 만수무강을 위해 늙은 거북이의 간을 떼어 올리겠습니다."

기분이 좋아진 임금은 여우에게 큼직한 상을 내렸다. 여우에게 장관직과 으리으리한 저택을 주었다.

얼마 후 거북이가 죽어 하늘나라로 갔다. 그리고 호랑이가 소화불량으로 죽어 거북이의 뒤를 따랐고 맨 마지막으로 아첨꾼 여우도 죽었다.

하늘나라에서 첫 만남은 거북이였다. 거북이는 탕수육으로 맛있게 식사를 하고 있었다. 여우도 식당 배식구 앞에서 줄을 서서 음식을 기다렸다.

'나의 졸개 거북이가 탕수육을 먹는데, 장관까지 한 내게

는 적어도 상어 지느러미탕이나 고래 수염탕 정도는 주겠지…'

이때 우동 그릇에 시커먼 것이 덮여 나왔다. 자장면이었다. 화가 난 여우는 주방장에게 항의를 했다.

"못난 거북이에게도 탕수육을 주면서 장관인 나에게 자장면을 줍니까?"

이때 벼락같은 음성이 들렸다.

"호랑이는 지금 철가방 들고 배달 나갔다."

 예화와 관련된 말씀

너는 내일 일을 자랑하지 말라 하루 동안에 무슨 일이 날는지 네가 알 수 없음이니라(잠 27:1).

20 | 교만은 패망의 선봉

'남북전쟁' 때 있었던 일이다. 앨라배마 21연대 소속 남군 병사가 처음 개발된 방탄복을 입고 까불거리며 적군 앞에 섰다.

"이 방탄복만 있으면 나는 절대로 죽지 않는다."

이렇게 적을 향해 거만하게 외쳤다. 그때 어디선가 총알이 날아왔고 병사는 그 자리에서 쓰러졌다. 적군은 방탄복을 입은 그의 가슴이 아닌 그의 머리를 겨냥했던 것이다.

한쪽만 가리고 전체가 안전하다고 믿었던 병사는 안타깝게도 자신의 어리석음 때문에 목숨을 잃고 말았다.

"나는 부족한 게 없다. 그래서 하나님께 구할 것이 없다."
라는 자존심은 어리석은 것이다.

성경은 범사에 하나님을 인정하라고 했다. 걸음걸음마다 우리의 지혜나 능력을 의지하지 말고, 하나님의 인도하심을 구해야 한다. 하나님의 인도하심을 구한다는 것은, 그분의 인도하심을 최고의 선으로 인정하며 결국 그분의 뜻에 잘 따르겠다는 뜻이다.

시편 기자는 하나님이 집을 세우시지 않으면 세우는 자의 수고가 헛되고, 하나님이 성을 지키시지 않으면 파수꾼이 눈을 부릅뜨고 지키는 것이 허사라고 했다.

그것은 결국 사람들이 인정하든 하지 않든 하나님이 모든 것을 주관하시므로 그분이 도우시고 인도하셔야 일이 이루어진다는 뜻이다. 인간이 아무리 노력해도 하나님이 막으시면 아무 소용이 없다.

- 「버려야 산다」, 김학중

예화와 관련된 말씀

너는 범사에 그를 인정하라 그리하면 네 길을 지도하시리라 (잠 3:6).

21 | 스파르타 VS 아테네

"스파르타는 가난해서 이웃 나라와 단기전 외에 장기전이나 해외 원정은 해 보지도 못한 촌놈들이다. 그들은 군자금을 확보하느라 시간이 걸려 아무 것도 못할 것이 분명하다. 게다가 이 전쟁은 해군력의 싸움인데, 페르시아와의 전쟁 이후 우리 아테네 해군은 꾸준히 바다를 연구해 와 가히 세계 최강인데 반해서, 농업국인 스파르타의 해군이나 요새는 우스운 수준이다. 이 전쟁의 승리는 우리가 맡아 놓은 것이다."

기원전 431년, 그리스의 많은 도시국가들 중에서 가장 강력한 라이벌인 아테네와 스파르타가 자국의 운명을 건 펠로폰네소스 전쟁에 막 돌입하려 할 무렵, 아테네의 지도자 페리클레스가 했던 자신만만한 개전 연설이다.

이에 비해 숫자는 작으나 당시 고대 세계 최강의 정예 병력을 보유하고 있었던 스파르타의 자세는 훨씬 신중했다.

이렇게 시작된 전쟁에서 스파르타는 아테네를 무참하게 패배시켰고, 아테네는 스파르타의 괴뢰 정권까지 들어서는 치욕을 겪게 된다. 특히 전쟁의 승패를 결정지은 것은 뜻밖에도 아테네가 그토록 자신했던 해전이었다.

교만은 이렇게 끔찍한 결과를 초래하는 것이다. 조금만 일이 잘 되어도 쉽게 오만하는 우리 모두는 선지자 예레미야의 말씀을 깊이 가슴에 새겨야 할 것이다.

"지혜로운 자는 자기 지혜를 자랑하지 말고 강한 자는 자기 힘을 자랑하지 말며 부자는 자기의 부요함을 자랑하지 말아라. 자랑하는 사람은 나를 이해하고 아는 것과 그리고 내가 자비를 베풀며 옳고 공정한 일을 행하는 여호와임을 아는 것으로 자랑하라. 나는 이런 것을 기뻐한다."

- 「칼과 칼집」, 한홍

예화와 관련된 말씀

너는 내일 일을 자랑하지 말라 하루 동안에 무슨 일이 일어날는지 네가 알 수 없음이니라(잠 27:1).

22 | 교만에 관한 명언

- 지나간 것을 원망하지 말라. 그리고 그대 자신의 의로움을 믿지 말라.(성 안토니 교부)
- 어떤 사람이 밤낮 자기가 얼마나 좋은 사람인가를 얘기 할 때 그가 하나님으로 부터 얼마나 멀리 떨어져 있는 사람인가를 곧 분별할 수 있을 것이다.(드와이트 무디)
- 자칭 의롭다함은 우리 자신을 좋게 생각하게 만드는 악마의 걸작품이다.(토마스 아담스)
- 모든 일 중에서 구세주이신 그리스도가 보시기에 합당치 않은 것은 야비한 방탕이나 격렬한 범죄가 아니라 자기도취 및 자칭 의롭다함과 거만함이다.(알렉산더 맥클라덴)
- 죄를 짓고 얻은 권력이 선한 목적으로 사용된 적은 없다.(타키투스)
- 우리는 하나님 역할을 대신할 수 없고, 하나님은 우리 역할을 대신하지 않으신다.(부르스 윌킨슨)
- 우리는 제멋대로 하나님을 다루기 쉬운 수준으로 전락시키려 하는 경향이 있다.(A.W.토저)

- 숯을 만지면 너도 더러워지고 오만한 자들과 사귀면 너마저 오만해진다.
- 무지의 진정한 특징은 허영과 자만과 교만이다.
- 빈 짐마차는 가장 큰 소리를 낸다.
- 상인은 항상 자기 상품을 칭찬하고 자랑한다.(독일속담)
- 자기를 자랑하는 자는 빛날 수가 없다.(노자)
- 자기 일을 자랑하는 편이 남을 욕하는 것보다는 좋다.
- 성공이 네게 온다 하더라도 결코 자랑으로 알지 말라. 자랑은 멸망의 앞잡이니라.(에이버리)
- 비어있는 그릇은 가장 큰 소리를 낸다.(윌리엄 세익스피어)

예화와 관련된 말씀

사랑하는 자는 이것으로 자랑할지니 곧 명철하여 나를 아는 것과 나 여호와는 사랑과 정의와 공의를 땅에 행하는 자인 줄 깨닫는 것이라 나는 이 일을 기뻐하노라 여호와의 말씀이니라 (렘 9:24).

23 | 겸손에 관한 명언

- 물보다도 부드럽고 겸손한 것은 이 세상에 하나도 없다. 부드러운 사람은 잔인한 사람을 때려눕힌다. 이 세상의 모든 사람은 이것을 알고 있지만 아무도 이것을 실행하려고 하지 않는다.(동양 격언)
- 칭찬하는 사람보다는 당신을 나쁘게 비평하는 사람에게 기꺼이 가라. 당신을 험담하는 사람의 말에도 진리는 있다. 물은 얕은 곳을 향하여 흐르듯, 신의 가르침도 그 마음이 얕고 겸손한 사람에게 들리는 것이다.(서양명언)
- 자기도취적인 사람은 사람들의 관심을 불러일으키지 못하고 극히 주관적인 자기만족의 테두리를 뱅뱅 돌고 만다. 예술가건, 사업가건, 정치가건 자기도취가 심하면 반드시 비참한 실패를 맛보게 될 것이다.(버트란드 러셀)
- 이 세상의 가장 약한 것이 가장 강한 것을 이겨낸다. 그러므로 겸양의 우월과 침묵의 이익은 크다. 그러나 오직 소수의 사람들만이 겸손할 수 있는 것이다.(동양의 격언)
- 나쁜 수레바퀴는 언제나 요란스럽게 삐그덕 거린다. 빈 이삭은 높이 서 있다. 오만의 본성도 그러한 것이다.(동양의 사상)

- 그리스도인의 온화함은 우리 마음과 뜻과 목숨과 힘을 다해 하나님을 사랑하는 것이다.(웨슬리)
- 겸손한자는 언제나 하나님을 안내자로 모신다. (J.버넌)
- 겸손한 사람은 자기 자신을 떠나서 하나님과 함께하는 사람이다.(톨스토이)
- 나는 오직 한 가지 외에는 아는 것이 없다. 진실로 행복한 사람은 섬기는 법을 갈구하여 발견한 사람이다.(슈바이처)

예화와 관련된 말씀

만일 하루에 일곱 번이라도 네게 죄를 짓고 일곱 번 네게 돌아와 내가 회개하노라 하거든 너는 용서하라 하시더라(눅 17:4).

24 무신론자의 교만

지나간 세기의 유명한 무신론자 중에 로버트 잉거솔이라는 사람이 있었다. 그는 어느 날 무신론 강의 도중 탁상에 시계를 꺼내 놓고 "내가 하나님께 5분간만 시간을 주겠다. 내가 5분동안 하나님을 저주할 터인데 그 동안에 나를 죽이기를 바란다. 내가 만약 죽지 않는다면 하나님은 없거나, 있어도 실패자에 불과하다."고 큰 소리를 쳤다.

5분이 지난 후 아무 일이 일어나지 않자 인간이 승리자요, 신은 실패자라고 외쳤다.

이 이야기를 전해들은 신앙인 데오도르 파커는 빙그레 웃으면서 이런 흥미 있는 말을 했다.

"과연 하나님이 실패한 것일까? 오래 참으시는 하나님의 인내를 5분간으로 단축시켜 보려고 한 잉거솔의 시도가 패배한 것이 아닐까?"

옳다. 주께서는 참고 기다리신다. 그리고 그를 믿는 그의 백성들이 또한 이 오래 참음의 옷을 입게 되기를 기대하신다.

그러나 어떤 분이 "언제까지 참아야 합니까.?"라고 물으실지 모른다.

재미있는 것은 "사랑은 영원까지 참고"라고 말하지 않았다는 점이다. "오래 참고"이다. 언젠가는 오래 참음의 마지막 순간이 온다.

 예화와 관련된 말씀

우리가 모압의 교만을 들었나니 심힌 교민 곧 그의 지고와 오만과 자랑과 그 마음의 거만이로다 여호와의 말씀이니라 내가 그의 노여워함의 허탄함을 아노니 그가 자랑하여도 아무 것도 성취하지 못하였도다(렘 48:29,30).

25 | 문명의 바벨탑

헨리 나우웬이 쓴 「상처입은 치유자」라는 책에 이런 이야기가 나온다. 어느 나라에 왕자 네 명이 있었다. 네 명의 왕자가 모여 이런 결정을 내렸다.

"우리 형제가 전 세계에 흩어져서 최첨단 과학 기술을 배워오자."

오랜 세월이 흘러 네 명의 왕자가 한 자리에 모였다. 첫째 왕자가 말했다.

"나는 한 조각의 생물의 뼈만 있으면 근육을 붙이는 기술이 있다."

둘째 왕자도 말했다. "나는 뼈와 근육만 있으면 피부와 털을 돋아나게 하는 기술을 배워왔다."

셋째 왕자는 "나는 뼈와 근육, 그리고 털이 있으면 사지를 만들 수 있는 기술이 있다" 라고 했다.

막내 왕자도 질세라 말했다. "나는 사지가 있는 것에 생명을 불어넣는 기술을 배워왔다."

네 왕자는 숲 속에 들어가 뼈를 하나 주웠는데, 그것은 사자의 뼈였다. 네 명의 왕자는 그 뼈에 근육을 붙이고, 피부와 털을 돋아나게 하고, 사지를 만들고 마지막으로 생명을 불어넣었다. 그러자 사나운 사자가 일어나 그 네 명의 왕자를 물어뜯어 죽였다.

이 이야기는 인간들이 쌓아놓은 현대 문명의 바벨탑에 인간 스스로 깔려죽는 모습을 보여주고 있다.

오늘날 현대인들은 문명에 의해 얼마나 많은 상처를 입고 비참하게 죽어 가는가? 인간은 하나님 앞에 하나도 자랑할 것이 없다. 하나님은 교만한 자를 물리치신다.

예화와 관련된 말씀

그러나 더욱 큰 은혜를 주시나니 그러므로 일렀으되 하나님이 교만한 자를 물리치시고 겸손한 자에게 은혜를 주신다 하였느니라(약 4:6).

04

교만하여

그는 교만하여 아무 것도 알지 못하고 변론과 언쟁을 좋아하는 자니 이로써 투기와 분쟁과 비방과 악한 생각이 나며(딤전 6:4).

01 | 원숭이 한 마리

  프랑스의 무신론 철학자이며 시인인 볼테르는 그의 명성만큼이나 얼굴이 못 생기기로 유명했던 사람이다. 그러나 그의 철학 사상과 시를 좋아했던 프로이센의 프레데릭 대왕은 그를 몹시 사랑하여 자기 나라에 와 있게 하고는 언제나 데리고 다녔다.

  이쯤 되니 볼테르의 자만심도 대단하여 왕의 신하 알기를 우습게 여겨 하루는 젊은 신하 한 사람을 호되게 망신을 준 일이 있었다.

  며칠 후 임금은 지방을 순회하게 되므로 볼테르도 동행하게 되었다. 그런데 볼테르에게 심한 봉변을 당한 젊은 신하는 왕이 순회할 지방을 하루 앞서 다니면서 지방 장관들에게 준비케 하고는 역관들에게는 다음과 같이 부탁을 했다.

  "왕은 커다란 원숭이 한 마리를 키우면서 귀족처럼 옷을 해 입히고는 여행할 때마다 데리고 다니는데 그 원숭이는 왕은 알아보지만 다른 사람에게는 덤벼드는 사나운 버릇이 있으므로 만약 그 원숭이가 차 안에서 나오면 큰 일이 날 것이니 어떤 방법을 써서라도 나오지 못하게 해야 한다."고 타이르고는 떠났다.

다음날 왕의 행차가 시작되었는데 볼테르가 차에서 내리려 하면 모여든 군중들은 그를 차 안으로 밀어 넣고 다시 나오려고 하면 지팡이로 볼테르의 손과 머리를 때리고 아파하는 모습을 보고는 깔깔 웃어대는 것이었다.

독일어는 하나도 알지 못했던 볼테르였기 때문에 화가 치밀어 얼굴이 빨개져서는 펄펄 뛰는 모습이 영락없는 원숭이의 모습과도 같았기 때문이다.

한 번 다른 사람을 괴롭힌 것이 자신은 원숭이처럼 사람들의 웃음거리가 되었던 것이다.

 예화와 관련된 말씀

그는 교만하여 아무 것도 알지 못하고 변론과 언쟁을 좋아하는 자니 이로써 투기와 분쟁과 비방과 악한 생각이 나며(딤전 6:4).

02 | 하나님의 사인

 무디가 미국의 어느 중소도시에서 전도대회를 인도하게 되어, 대회 며칠 전에 그곳에 도착했다.

 하루는 모 신문사의 한 기자가 무디에게 찾아와 인터뷰를 요청했다. 그러나 무디는 전도대회로 너무나 바쁜 나머지 그 인터뷰를 거절할 수밖에 없었다.

 다음날, 무디가 아침에 일어나서 신문을 보는데 머리기사로 '교만한 전도자 무디' 라는 기사가 실렸다. 기자들의 인터뷰 요청을 사정상 거절했더니 화가 난 기자들이 그런 기사를 쓴 것이다.

 그 기사를 보고 이번에는 무디의 스태프들이 화가 났다. 그래서, "무디 목사님, 이거 말도 안 되는 기사입니다. 인격 살인이 아닙니까? 어떻게 할까요?" 하고 야단이었다.

 그러나 무디 목사는 가만히 그 기사를 읽더니 껄껄 웃으며 이렇게 말했다.

 "이 사람들이 나를 잘 모르는구먼. 나는 이 기사보다 훨씬 더 교만한데, 이만하면 잘 써줬는데? 여러분, 이건 하나님께서 우리에게 겸손하라고 말씀하시는 사인입니다. 좀 더 겸손하기 위해서 우리 모두 기도합시다."

R. A. 토레이는 하나님께서 무디를 사용하신 이유 중에 하나를 그가 겸손했기 때문이라고 했다.

토레이는 그가 만난 사람 중에 무디가 가장 겸손한 사람이었다고 하였다.

예화와 관련된 말씀

젊은 자들이 이와 같이 장로들에게 순종하고 다 서로 겸손으로 허리를 동이라 하나님은 교만한 자를 대적하시되 겸손한 자들에게는 은혜를 주시느니라(벧전 5:5).

03 | 교만한 자

 사냥꾼들이 곰을 잡는 방법 중 하나는, 곰이 잘 다니는 길목에 커다란 돌덩이를 매달아 놓는다.
 그러면 그곳을 지나던 곰이 돌덩이에 머리를 부딪치게 된다. 머리를 부딪친 곰은 자기가 가는 길을 막는 데 화가 나서 돌덩이에게 덤벼든다.
 줄에 매달려 있는 돌덩이와 자기 머리를 부딪쳐서 누가 센지 자웅을 가리려고 하는 것이다. 그냥 돌덩이를 피해 돌아가면 될 것을 가지고 말이다. 그러다가 곰은 머리가 터져 녹초가 되면 사냥꾼들은 와서 곰을 끌고 가기만 하면 된다고 한다.
 교만은 패망의 선봉이라고 잠언 기자는 누누이 말한다. 인간이 타락하게 된 것도 하나님과 같아질 수 있다는 사탄의 유혹에 넘어갔기 때문이었다.
 하나님은 피조물인 인간이 가질 수 있는 최대한의 지위와 특권을 이미 규정해두고 계신다. 그것은 천사보다 조금 못하게 하고, 하나님이 지으신 모든 피조물을 다스리며, 하나님의 뜻을 실현하는 지위이다.

그것만으로도 인간은 충분히 고귀하고 높은 지위를 가지고 있는 것이다. 자신의 위치를 모르고 곰과 같은 어리석음을 저질러서는 곤란하다.

성경에서 애굽의 바로 왕, 사울 왕, 히스기야 왕, 헤롯 왕, 갈대아 왕 벨사살… 수많은 사람들이 교만으로 인해 패망을 당했다.

주위를 둘러보면 교만한 자는 반드시 패망했고, 그 대가를 받았다.

 예화와 관련된 말씀

교만은 패망의 선봉이요 거만한 마음은 넘어짐의 앞잡이니라 (잠 16:18).

무릇 마음이 교만한 자를 여호와께서 미워하시나니 피차 손을 잡을지라도 벌을 면하지 못하리라(잠 16:5).

04 | 칭찬과 교만

　새를 파는 가게에 잘생긴 카나리아가 한 마리 있었다. 이 카나리아는 아름다운 노랫소리로 많은 사람들의 사랑을 받았다.

　어느 날 이곳을 지나가던 마을의 부자가 그 카나리아를 샀다. 카나리아는 고운 소리로 노래를 불러 집 안 사람과 손님들, 이웃 사람들을 즐겁게 해주었다. 새 주인이 된 부자도 그 카나리아를 자랑하고 칭찬하기에 바빴다.

　그러자 카나리아는 우쭐해졌다. 그래서 밤이 되어도 노래를 그칠 줄 몰랐다. 카나리아의 노랫소리를 칭찬하던 사람들도 이제는 시끄럽다고 항의를 할 정도였다. 아무도 카나리아의 노랫소리에 귀를 기울이지 않았다.

　결국 그 부자는 카나리아를 헐값으로 시장에 내다 팔았다. 그 카나리아를 사가는 사람은 아무도 없었다.

　칭찬은 사람을 교만하게 만든다. 아무 것도 아닌 일도 잘한다고 칭찬을 하면 괜히 한 번 더 해보고 싶은 것이 사람의 솔직한 심정이다.

하지만 그럴 때일수록 겸손해져야 한다. 진정 훌륭한 일이라면 스스로 떠벌이지 않아도 다들 알게 된다. 우리를 높이시는 이는 하나님이시다.

우리가 가진 재능이라고 해도 그것을 주신 이는 하나님이신데 그런 하나님 앞에서 잘난 체하는 것은 꼴불견이다.

예화와 관련된 말씀

> 그가 그의 능력으로 영원히 다스리시며 그의 눈으로 나라들을 살피시나니 거역하는 자들은 교만하지 말지어다(셀라)(시 66:7).

05 | 교만이라는 유전병

 1982년 여름, 나는 스위스 라브리에서 한 달간 지낸 적이 있다. 당시 프란시스 쉐퍼(Franeis A. Schaeffer) 박사는 암 치료를 받으며 투병하고 있었다.

 세월이 꽤 흘렀지만, 나는 어느 미국 청년의 질문과 쉐퍼 박사의 대답을 잊지 못한다. 청년은 이렇게 물었다.

 "예수님은 우리가 다른 사람을 위해 봉사하고 희생하기를 원하십니다. 그러면 우리가 목표를 세우고 최선을 다해 자기 성취를 하려는 것은 이기적인 죄악이 된다는 것입니까?"

 이에 쉐퍼 박사는 다음과 같이 대답했다

 "사람이 타락하기 전에는 그런 갈등이 존재하지 않았을 것입니다. 자기 성취를 위한 노력과 다른 사람을 위한 봉사가 일치했을 테니까요. 그러나 사람이 타락한 후 그 마음이 부패해져서, 자기 성취와 봉사가 갈등 관계가 된 것입니다. 저는 다른 사람을 섬기기 위해 책을 쓰기 시작했는데, 책이 나와서 여러 사람에게 읽히게 되니까 성취감을 맛보게 되는 것도 사실입니다."

인간이 타락하기 전에는 '교만'이 들어와 인류를 병들게 하지 않았다. 열등의식이나 낮은 자존감으로 자기를 학대하는 일도 없었다. 사실 좋은 의미에서 자기 자신에 대해 자부심, 자긍심을 갖는 것은 밝고 열매가 풍성한 인생을 사는 데 필수 조건이라고 할 수 있다.

그러나 '교만'이라는 인류의 유전병은 영적 소경을 만든다. 우리가 예수님을 믿고 거듭났다고는 하지만, 이 자기중심의 울타리에서 벗어나기 어렵다. 그렇기에 우리에게는 교만을 스스로 인정하고 하나님 앞에 솔직히 고백해 하나님의 도움을 구하는 진실한 태도가 필요하다.

- 「하나님의 청년은 시대를 탓하지 않는다」, 이승장

예화와 관련된 말씀

너희 뿔을 높이 들지 말며 교만한 목으로 말하지 말지어다(시 75:7).

여호와를 의지하고 교만한 자와 거짓에 치우치는 자를 돌아보지 아니하는 자는 복이 있도다(시 40:4).

06 | 장담하던 워터루 전투

 나폴레옹이 패망하게 된 워터루(Waterloo) 전투에 관해 나폴레옹 시대의 위대한 시인인 프랑스의 작가 빅토르 위고는 다음과 같은 기록을 남겼다.

 "그 격전이 있던 날 아침, 작달막한 키의 전제 군주 나폴레옹은 싸움이 벌어질 벌판을 바라보며 그의 사령관에게 그날의 작전을 설명하고 있었다. 우리는 여기에 보병을 배치하고 저쪽에는 기병을, 그리고 이쪽에는 포병을 배치할 것이요. 날이 저물 때쯤에는 영국은 프랑스에게 굴복돼 있을 것이며, 웰링톤 장군은 나폴레옹의 포로가 될 것이요."

 이 말을 듣던 사령관 네이(Ney) 장군이 조심스럽게 말했다.

 "각하! 계획은 사람이 세우지만 성패는 하늘에 달렸다는 걸 잊어서는 안 될 것입니다."

 이 말은 들은 나폴레옹은 작달막한 그의 몸을 쭉 펴서 키를 늘이며 자신만만하게 말했다.

 "장군은 나 나폴레옹이 친히 계획을 세웠다는 것과 나폴레옹이 성패를 주장한다는 사실을 명심하기 바라오."

위고는 이어서 다음과 같이 기록하고 있다.

"그 순간부터 이미 워터루 전투는 패배한 것이나 다름없었다. 하나님께서 비와 우박을 퍼부었으므로 나폴레옹의 군대는 계획한 작전을 하나도 펼 수가 없었다. 그리하여 전투가 벌어진 그날 밤에 나폴레옹은 영국의 웰링톤 장군의 포로가 되었고 프랑스는 영국에 굴복하고 말았다."

예화와 관련된 말씀

너희 모든 성도들아 여호와를 사랑하라 여호와께서 진실한 자를 보호하시고 교만하게 행하는 자에게 엄중히 갚으시느니라 (시 31:23).

07 | 똑똑한 사람

「리더스 다이제스트」에서 똑똑한 사람이 성공하지 못하는 이유를 들었다. 대개 보면 머리도 좋고 남달리 똑똑하다는 사람들이 사회생활에 실패하고, 특별히 이 사람들이 출세도 못한다는 것이다.

그 이유가 무엇인가 하면,

첫째는 오만하기 때문이다. 저 잘났다고 하기 때문에 뭐 별것도 아닌 지식을 대단한 것처럼 착각하고 있다. 그런데 그게 아무 것도 아니었다는 것이다. 그러니까 교만이 문제이다.

둘째는 외로움이다. 교만한 사람은 반드시 외롭다. 아무도 그를 성원해주지 않는다. 그래서 외롭다. 혼자서는 살 길이 없다. 실패하는 것이다.

셋째는 무모함이다. 자기의 능력과 지혜만 믿고 엉뚱한 짓을 한다. 무모함이 파멸로 닫는 것이다. 그래서 꼭 한도를 초과한다.

능력에 한계가 있고, 건강에도 한계가 있고, 투자 능력에도 한계가 있는데 꼭 이것을 넘어서는 것이다. 이것이 바로 멸망의 조짐이다. 바로 똑똑한 사람들이 하는 짓이다. 무모하게 자기의 능력을 초과하게 되고 결국 그래서 지쳐 쓰러지는 것이다.

예화와 관련된 말씀

악인은 그의 교만한 얼굴로 말하기를 여호와께서 이를 감찰하지 아니하신다 하며 그의 모든 사상에 하나님이 없다 하나이다(시 10:4).

내가 말하기를 두렵건대 그들이 나 때문에 기뻐하며 내가 실족할 때에 나를 향하여 스스로 교만할까 하였나이다(시 38:16).

08 | 스스로 지혜롭다고 착각

어느 소대가 사격장에서 사격 훈련을 받고 있었는데 한 사병이 총을 두 발이나 쏘고서도 목표물을 맞히지 못했다. 울화통이 터진 상사가 사병의 손에서 소총을 빼앗으면서 고래고래 소리를 질렀다.

상사는 "이런 멍텅구리 같으니라구. 너는 눈도 없나? 잘 봐." 라고 말하면서 총을 겨냥하고 쏘았지만 목표물에서 멀리 떨어진 곳에 맞았다.

그러자 상사는 그대로 교만하게 사병을 돌아보면서 이렇게 소리쳤다.

"봤지? 이 바보야. 그게 바로 네가 쏜 방식이야."

스스로 지혜롭게 여기는 사람은 남의 말을 무시하고 자기의 말만 들으라고 소리를 높이고 남에게서 배울 것이 없다하고 남을 가르치려고만 든다.

그러므로 더 이상 발전할 가능성도, 변화될 가능성도 없는 '구제불능'이 되고 만다.

요즘은 특히 그리스도인들 중에서 자기만 지혜롭고 경건

하다고 착각하는 사람들이 많이 있는데 이들은 터무니없는 착각에 도취되어 무례히 행하고 교회공동체에 해를 끼친다.

그러므로 우리는 항상 하나님 앞에 자신을 낮추고 겸손히 이웃을 섬김으로 하나님께서 주시는 지혜와 능력으로 우리의 인격을 성숙시켜야겠다.

예화와 관련된 말씀

사람들이 너를 낮추거든 너는 교만했노라고 말하라 하나님은 겸손한 자를 구원하시리라(욥 22:29).

09 | 정자나무 이야기

　마을 어귀에 커다란 정자나무 한 그루가 서 있었다. 사람들은 이 나무 그늘에 앉아 쉬면서 정다운 이야기를 나누곤 하였다. 그때 나무가 큰소리로 외쳤다.
　"내가 너희에게 그늘을 만들어 주어 편안하게 쉴 수 있게 해주고 있으니 나에게 감사해야 한다."
　사람들은 그 소리를 듣고 모두 나무에게 감사를 드렸다. 그러자 다시 나무가 큰소리로 말했다.
　"이곳을 지날 때마다 나에게 절을 하고 다녀라. 그렇지 않으면 그늘을 만들어 주기는커녕 마을에 재앙을 내리리라."
　사람들은 모두 나무의 말대로 그곳을 지날 때마다 절을 했다. 나무는 점점 건방져 갔다. 이를 지켜보던 해가 나무에게 말했다.
　"나무야, 어째서 사람들을 그렇게 못살게 구느냐?"
　그러자 나무가 대답했다.
　"나는 사람들에게 그늘을 만들어 주고 있으니 당연하다. 네가 간섭할 일이 아니니 가만히 있거라."

그러자 해는 햇빛을 거두어 버렸다. 햇빛이 없어지면서 나무 그늘도 없어지고 말았다. 아무리 나무가 소리치고 흔들어 보아도 그늘은 다시 생겨나지 않았다.

그러자 해가 조용히 말했다.

"나무야, 그늘은 네 힘으로 생기는 것이 아니다. 그늘은 햇빛이 있어야 가능한 것이란다. 그러니 자만하지 말아라."

나무는 아무 말도 못하고 고개만 숙였다.

예화와 관련된 말씀

그러므로 그가 고통을 주어 그들의 마음을 겸손하게 하셨으니 그들이 엎드러져도 돕는 자가 없었도다(시 107:12).

10 | 잘못된 박제

자신의 능력에 대해 매우 자신 만만해 하는 사람이 있었다. 하루는 그가 한 박제사의 집 앞을 지나게 되었다.

그 집의 창문안쪽에는 올빼미 한 마리가 있었는데, 많은 관광객들이 그것을 주의 깊게 보고 있었다.

그때 그는 어떻게 하면 자신의 지식을 자랑할 수 있을까 하고 궁리하던 끝에 거만한 태도로 이렇게 말했다.

"쯧쯧, 저것도 박제라고 해 놓았나. 머리통도 똑바로 되어 있질 않고, 몸의 균형도 바로 잡히지 않았고, 깃털도 제대로 되지 않았으며, 발도 똑바로 놓여 있지 않잖아."

그런데 그가 채 말을 끝내기도 전에 그 올빼미가 고개를 돌려 그를 쳐다보는 것이 아닌가! 그 순간 한 바탕의 웃음이 쏟아졌다.

교만은 그리스도인의 가장 큰 적이다. 그리스도인답지 못한 행위를 하도록 우리를 부추기고 하나님께 영광을 돌리는 일을 하지 못하도록 방해한다.

교만은 당신이 더 나은 대우를 받을 자격이 있다고 생각하게 만든다.

교만은 다른 사람을 섬기지 못하게 방해한다. 그리고 높은 자리에 앉으려고 애쓰게 만들 것이다. 교만은 당신이 홀로 고립되어 다른 사람들에 대해 책임을 지지 않게 만든다. 그에 반해 겸손은 하나님을 기쁘시게 한다.

그로 인해 하나님께서 당신을 높여 주실 것이다. 스스로 높이려고 하지 않아도 말이다.

예화와 관련된 말씀

진실로 그는 거만한 자를 비웃으시며 겸손한 자에게 은혜를 베푸시나니(잠 3:34).

사람의 마음의 교만은 멸망의 선봉이요 겸손은 존귀의 길잡이니라(잠 18:12).

11 교만과 자존심

톨스토이의 작품 중에는 「재난의 원인」이라는 소설이 있다. 거기에 보면 다음과 같은 이야기가 있었다.

담장을 사이에 두고 사이좋게 지내던 두 집이 있었다.

어느 날 이 쪽 집의 닭 한 마리가 담을 넘어 저쪽 집에 가서 알을 낳았다. 집 아이가 그것을 보고 옆집의 친구에게 "우리 집 닭이 너희 집에 가 계란을 낳았으니 좀 가져오라."고 했다.

그러자 그 집 아이가 들어가서 보더니 없다고 했다. 그러자, 이쪽 집 아이가 거짓말 하지 말고 순순히 내 놓으라고 했다. 정말 없었다고 말하니 그 말을 못 믿겠다고 하면서 분명히 알이 있었을 것이라고 말했다.

그래서 알이 있다 없다 하면서 서로 터지도록 서로 붙어 싸웠다. 이것을 보고 엄마들이 싸웠다. 머리를 잡아당기면서 서로 엉켜 떨어질 줄을 몰랐다. 이렇게 되자 아버지들이 가세하여 싸우니 아버지들끼리 또 싸웠다.

너무 화가 난 나머지 한쪽 편의 아버지가 저쪽 집에 그만 불을 질러 버렸다. 그런데, 삽시간에 불이 번지더니 한번 바람이 휙 돌아 불어서 이쪽 집도 다 타버렸다.

그래서 잿더미 위에 앉아서 별을 쳐다보면서 하룻밤을 지내면서 이제 반성을 했다. 도대체 무엇 때문에 이렇게 되었나? 하고 생각해 보았다. 계란 하나 때문이었을까? 아니다!

그것은 계란 하나 때문이 아니었다. 그것은 마음속 깊이 들어있던 자존심과 교만 때문이었다.

다시 말해 그 같은 끔찍한 참사의 원인이 계란 하나가 아니었다. 그 원인은 사람 마음속 깊은 곳에 도사리고 있는 자존심과 교만이라는 죄 때문이었다.

 예화와 관련된 말씀

자기의 이웃을 은근히 헐뜯는 자를 내가 멸할 것이요 눈이 높고 마음이 교만한 자를 내가 용납하지 아니하리로다(시 101:5).

12 | 거만한 마음

유대에는 이런 옛 이야기가 있다. 솔로몬 왕이 어느 날 하나님께로부터 굉장한 선물을 받았다.

견직 융단이었는데 이것을 타고 하늘을 날아 어디든지 갈 수가 있었다. 그래서 솔로몬 왕은 다메섹에서 아침을 먹고, 메대에서 저녁을 먹는 꿈과도 같은 생활을 할 수가 있었다.

왕은 현명한 사람이었다. 그는 온갖 동물이나 곤충들의 말을 알아들었다. 어느 날이었다. 솔로몬 왕이 이 융단을 타고 여느 때처럼 하늘을 날고 있자니까 아래서 개미의 이야기 소리가 들려왔다.

여왕개미가 개미들에게 하늘에서 솔로몬 왕이 날고 있으니 숨도록 하라고 말하는 것이었다. 솔로몬 왕은 땅 위로 내려와 여왕개미를 붙들고 물었다.

"너는 어째서 개미들에게 숨으라고 말하는 거냐?"

여왕개미는 이렇게 대답했다.

"그것은 폐하께서 이 세상에서 가장 훌륭한 분이라고 생각하기 때문이었습니다. 그런 분은 매우 무서운 법이랍니다."

솔로몬 왕은 여왕개미를 보면서 "너는 요렇게 작으니 내가 하늘을 나는 것처럼 높이 날 수는 없겠지?"

여왕개미는 말했다. 그렇게 말씀하신다면 "폐하의 융단에 저도 태워주셔요."

솔로몬 왕은 여왕개미를 융단에 함께 태우고 높이 올라갔다. 하늘 높이 올랐을 때 여왕개미는 왕의 머리 위로 날아올랐다.

"자아, 보셔요. 내가 더 높이 날 수 있지 않아요?"

거만했던 솔로몬은 망신을 당했다는 이야기이다.

겸손한 마음이 아름다운 것이다.

 예화와 관련된 말씀

나는 마음이 온유하고 겸손하니 나의 멍에를 메고 내게 배우라 그리하면 너희 마음이 쉼을 얻으리니(마 11:29).

13 | 공허로 끝나는 자화자찬

 하는 일마다 잘되고 주변 사람들이 우리에게 칭찬을 많이 하면 우리 마음은 교만으로 가득 차 자기도 모르게 그만 자기자랑으로 넘쳐흐르게 된다.

 어느 청년이 일을 아주 잘해서 상을 받게 되었다. 특히 그때 상을 주는 이가 그에 대해 과한 칭찬의 말을 했는데 청년은 그 칭찬을 진실로 받아들였다.

 그래서 집에 가서 상 주는 이가 말했던 칭찬의 내용을 하나도 빼지 않고 그대로 자기의 어머니에게 말씀드렸다.

 그리고는 잠시 말을 멈추었다가 어머니에게 물었다.

 "어머니, 지금 이 세상에서 위대한 사람이 몇 명이나 된다고 생각하세요?"

 그러자 어머니는 아들이 묻는 질문의 의도를 생각하고 지혜롭게 대답했다.

 "애야, 자세히는 모르겠지만 아마도 네가 생각하는 숫자보다는 한 명이 적을 거야."

 이러한 어머니의 말씀을 듣고 청년은 자신의 교만함을 깨닫고 곧 뉘우쳤다고 한다. 자화자찬은 언제나 씁쓸하다.

그래서 성경은 이렇게 말하고 있다.

"너는 다른 사람이 너를 칭찬하게 할망정 네 입으로는 너를 칭찬하지 말라"

 예화와 관련된 말씀

타인이 너를 칭찬하게 하고 네 입으로는 하지 말며 외인이 너를 칭찬하게 하고 네 입술로는 하지 말지니라(잠 27:2).

이는 사람에게 그의 행실을 버리게 하려 하심이며 사람의 교만을 막으려 하심이라(욥 33:17).

14 | 미덕과 허영

 한 성인이 나무 아래서 명상을 하고 있었다. 그때에 한 젊은이가 숨 가쁘게 달려왔다.
 "저를 도와주세요." 젊은이는 애원을 했다.
 "어떤 사람이 제게 도둑 누명을 씌웠어요. 그는 사람들을 데리고 나를 잡으려고 쫓아오고 있습니다. 만일 저를 붙잡으면 제 손을 잘라버릴 거예요."
 말을 마친 젊은이는 성인이 앉아 있던 나무 위로 기어 올라가 가지 사이에 몸을 숨겼다. 성인은 잠깐이긴 했지만 그 젊은이가 도둑이 아니라는 것을 느낄 수가 있었다.
 잠시 후, 한 무리의 사람들이 달려와 혹시 이리로 도망친 사람을 보지 못했느냐고 물었다. 그 성인은 여러 해 전에 항상 진실만을 말하겠다고 신에게 맹세한 터라 사실대로 대답해야 했다.
 "어디로 갔지요?"
 그들은 다시 한 번 물었다. 성인은 죄 없는 젊은이를 배신하고 싶지는 않았지만 자신의 맹세는 더없이 신성한 것이었다. 그는 손가락으로 나무 위를 가리켰다. 마을 사람들은 나무 위에 숨어있던 젊은이를 잡아 그의 손을 잘라버렸다. 그 성인은 죽어 심판대 앞에 섰을 때 억울한 누명으로 손이 잘린 젊은이에 대한 행동에 대해 책망을 당했다.

"하지만 저는 항상 진실만을 말하겠다고 성스러운 맹세를 했었습니다. 맹세를 지키기 위해서는 어쩔 수가 없었습니다."

성인은 항의 했다. 그때 심판관은 다음과 같이 대답을 했다. "그 날 그대는 미덕보다 허영을 사랑했느니라. 그대가 죄 없는 사람을 박해자들에게 넘긴 것은 미덕을 위해서가 아니라, 자신이 미덕을 갖춘 사람이라는 허황한 사실을 지키기 위함이었느니라."

때때로 우리가 미덕이라고 여기는 것들이 사실은 허영일 때가 있다. 자신이 덕을 갖춘 인물이라는 사실을 증명하려는 잘못된 생각에서 나오는 일이다.

 예화와 관련된 말씀

마지막으로 말하노니 너희가 다 마음을 같이하여 동정하며 형제를 사랑하며 불쌍히 여기며 겸손하며(벧전 3:8).

15 | 예쁜 여자와 추한 여자

 장자 외편에 나오는 '예쁜 여자와 추한 여자' 이야기는 다음과 같다.

 양자가 송나라에 가서 여관에 묵게 되었다. 여관 주인에게는 첩이 두 명 있었는데 그 중 한 사람은 예쁘고 나머지 한 사람은 추하게 생겼었다.

 그런데 추하게 생긴 여자가 귀여움을 받고 예쁜 여자가 천대를 받고 있었다. 양자가 그 이유를 물으니 여관 주인이 말하였다.

 "예쁜 여자는 스스로가 예쁘다고 생각하고 있어서 나는 그녀가 예쁜 줄 모르게 되었고, 추하게 생긴 여자는 스스로가 추하다고 생각하고 있어서 나는 그가 추한 줄 모르게 되었습니다."

 양자가 제자들에게 말하였다.

 "너희들은 잘 기억해 두어라. 현명한 행동을 하되 스스로 현명하다고 생각하는 마음을 버리기만 한다면 어디를 가나 사랑을 받게 되지 않겠는가."

세상을 살아가는데 있어서 자신을 비우고 뽐내지 말아야 한다. 훌륭한 사람이라 하더라도 자신이 훌륭하다는 것을 내세우면 결국은 남의 미움을 받게 될 것이다.

장자의 우화에 나오는 이 비유는 바로 우리 일상에서 벌어지고 있는 그러한 일들에 대한 일침이 아닐 수 없다.

한 마디로 '난체하지 말라.'는 것이다.

예화와 관련된 말씀

그들이 오늘까지 겸손하지 아니하며 두려워하지도 아니하고 내가 너희와 너희 조상들 앞에 세운 나의 율법과 나의 법규를 지켜 행하지 아니하느니라(렘 44:10).

16 | 본전도 못 건지는 자랑

어떤 사람이 해변으로 이사를 갔다. 이웃사람은 하루 종일 바위 위에 앉아 고기를 낚는 낚시 광이었기 때문에 서로가 어쩌다 상냥한 인사나 나누는 정도이지 그 이상으로 진전될 수가 없었다.

그러던 어느 날 그는 낚시 광이던 이웃이 커다란 물고기를 들고 다가오는 것을 보았다. 그는 밖으로 달려 나가 얼른 물고기를 받아들며 그 후한 선물에 대해 심심한 사의를 표했다.

"아이고, 감사합니다. 이렇게 큰 물고기를 선물로 주시다니요"

"……"

그는 어딘지 당황해하는 낚시광의 태도를 보고 이상히 여기기는 했으나, 그저 사람이 겸손한 탓이거니 여기고 그냥 지나쳤다.

그 후 일 년이 지나 두 사람이 어느 정도 친분이 깊어지고 나자 이웃사람이 작년 여름에 있었던 일을 솔직히 고백하였다.

"나는 그때 내가 잡은 물고기 중에서 제일 큰 놈을 당신에게 그저 보여주려고 자랑하려고 왔었을 뿐이었소."

자랑은 인간의 본능이다. 누구에게나 자랑거리가 하나씩은 다 있다. 어떤 사람은 돈과 명예와 가문과 권력과 학위를 자랑한다.

또 어떤 이는 인생경험을 자랑하고 지식과 지혜를, 영어 실력을 자랑하고 자식을 자랑하고 자신의 힘을 자랑한다.

그러나 이처럼 헛된 자랑은 때때로 본전을 못 건지는 경우가 많다.

 예화와 관련된 말씀

> 그들의 입술의 말은 곧 그들의 입의 죄라 그들이 말하는 저주와 거짓말로 말미암아 그들이 그 교만한 중에서 사로잡히게 하소서(시 59:12).

17 | 혈통을 자랑하지 말라

 믿음은 분명히 개인적인 것이다. 하나님의 왕국에서는 왕의 혈통이나 성스러운 가문이 있을 수 없다. 어떤 벌목공의 아들에 대한 이야기가 있다. 그 아이는 어떤 영문인지 숲 속에 유령이 있다는 확신을 갖게 되었다.

 아버지는 아들이 자기의 대를 이어 벌목하는 일을 물려받을 것을 원하고 있었다. 아버지는 아들에게 자기 목도리를 주면서 말했다.

 "유령들은 너를 두려워하고 있단다. 애야, 이 목도리를 매라. 그러면 유령들은 너를 더욱 무서워하게 될 것이다. 목도리가 너를 훌륭한 벌목공으로 만들어줄 거야."

 아들은 목도리를 자랑스럽게 매고 다니면서 모든 사람들에게 자기는 벌목공이라고 말했다. 하지만 그는 아직도 숲에 들어가지 않았고, 나무를 한 그루도 베지 못했다.

 그럼에도 아버지의 목도리 때문에 자기가 벌목공이라고 생각하였다. 그의 아버지는 아들에게 목도리를 신뢰하는 것보다 숲에는 유령이 없다는 것을 가르치는 것이 더 현명했을 것이다. 유대인들은 조상들의 목도리를 신뢰하였다. 그들은 여전히 자신들이 하나님의 택함을 받은 족속이라고 믿고 있었다.

신앙적인 유산이 보너스 점수를 보태주지 못하는 것처럼 세속적인 유산은 당신에게 불리하게 작용하지 않는다.

혈통은 당신을 구원해주지도 못하고 정죄하지도 않는다. 최종적인 결정은 당신에게 달려 있다.

예화와 관련된 말씀

우리가 모압의 교만을 들었나니 심히 교만하도다 그가 거만하며 교만하며 분노함도 들었거니와 그의 자랑이 헛되도다(사 16:6).

18 | 꼬리사람

  미국의 어느 도시 커다란 빌딩 안에 '꼬리 사람'이라는 별명을 가진 흑인 청소부가 있었다. 빌딩 안에 있는 모든 사람들은 청소를 할 때마다 두른 앞치마의 끝이 항상 엉덩이 뒤쪽으로 길게 늘어져 땅에 질질 끌면서 이곳저곳을 돌아다니는 이 아저씨에게 어느 날 별명을 지어준 것이다.

  "안녕하세요. 꼬리 아저씨.' 하고 인사를 하면 조금도 기분 나빠하지 않고 "네! 굿모닝, 좋은 아침입니다." 하고 대답을 했다.

  이 흑인 아저씨는 늘 명랑한 표정으로 냄새나는 곳까지 열심히 청소를 했고, 무엇이 흥겨운지 콧노래를 불러가면서 매일 매일을 지내는 것이었다.

  그런데 어느 날 주일 아침이었다. 갑자기 이 청소부 꼬리 아저씨가 텔레비전에 나와서 아주 훌륭한 설교를 하는 것이었다. 어찌나 유창하고 은혜가 넘치는 설교를 하시는지 그 빌딩 안에 근무하고 있던 사람들은 감격했다.

  자세히 알아보니 그 청소부 아저씨 '꼬리 사람'은 커다란 교회의 목사님이었고, 훌륭한 박사님이었다. 일부러 남의 꼬리 역할을 하기 위해 빌딩의 청소부로 취직을 해서 자기 신분을 감춘 채 열심히 일을 했던 것이다.

"높아지려 하면 낮아지고 스스로 낮아지는 자는 높임을 받으리라"는 성경 말씀을 몸소 생활에 옮긴 이 목사님은 그 후로부터 빌딩 안의 모든 사람들에게 존경과 사랑을 받았고

'꼬리 사람'이라는 별명은 어느새 '머리사람'으로 바뀌게 되었다.

예화와 관련된 말씀

누구든지 자기를 높이는 자는 낮아지고 누구든지 자기를 낮추는 자는 높아지리라(마 23:12).

19 | 존 우든 코치

 존 우든이라고 하는 농구 코치가 있는데 그는 미국의 농구선수와 감독으로 활약하며 경이적인 대기록을 세운 신화적 인물이다. 그가 이끈 전설적인 UCLA 농구팀은 12년 동안 88연승, 10회의 NCAA 챔피언쉽(전미대학농구선수권대회) 우승이라는 대기록을 세웠다.

 세계 최고 권위를 자랑하는 스포츠 채널 ESPN에서 '금세의 감독' 이라는 칭호를 얻은 존 우든은 선수와 코치로 두 번이나 '명예의 전당'에 올랐다. 그도 그럴 것이 그가 몸담았던 UCLA 농구팀을 10년 동안 계속 챔피언 자리에 머무르게 했기 때문이다. 그 10년 동안 선수들이 얼마나 바뀌었겠는가.

 그럼에도 여전히 UCLA는 전국적인 농구 챔피언 자리에 있었다. 그것은 어디까지나 코치가 잘했기 때문이다. 코치가 훌륭했기 때문이다. 그가 농구선수들을 훈련시키면서 입버릇처럼 항상 하는 교훈이 하나있다.

 "절대로 남보다 더 잘되려고 하지 말아라. 항상 다른 사람들에게서 배워라. 너의 최고가 되는 것을 절대 멈추지 말아

라. 그것은 너의 통제 하에 있으니 만약 네가 통제할 수 없는 것들에 대해 너무 몰입하고 연관되고 걱정하면, 그것이 네가 통제할 수 있는 것들에도 역으로 작용할 것이다."

'selflessness'

자기 자신을 절대로 드러내지 말라는 것이다. 자기를 없애라는 것이다. selflessness, 자기를 죽여 버리라는 것이다.

자기 과시, 내가 잘한다, 내가 남보다 낫다, 이런 칭찬을 들으려고 하는 순간에 나도 망하고 팀도 망한다는 것이다.

그렇다. 운동은 팀웍(teamwork)이 중요하다. 나만 잘하려고 하는 순간, 팀은 끝난 것이다.

예화와 관련된 말씀

그의 팔로 힘을 보이사 마음의 생각이 교만한 자들을 흩으셨고(눅 1:51).

지금 우리는 교만한 자가 복되다 하며 악을 행하는 자가 번성하며 하나님을 시험하는 자가 화를 면한다 하노라 함이라(말 3:15).

20 | 응답을 가로막는 교만

한 여인을 만났다. 그녀는 병 낫기를 위해 여러 차례 기도를 받았지만 아무 효험을 보지 못했다. 기도가 부족했거나 능력이 부족했기 때문이 아니라는 것이 느껴졌다. 성령님이 내게 그 이유를 보여 주셨다.

그것은 그녀가 무척 교만하기 때문에 신유는 물론이고 다른 어떤 것도 받아들이지 않고 있다는 것이었다.

하나님께서 그녀에게 주고 싶으셔도 그녀의 완악한 마음속에는 그것을 받아들일 만한 빈 공간이 없었다.

그녀는 주도권을 하나님께 드려서 주님이 그녀의 영혼을 새롭게 해 주시기를 사모해야 했다.

나는 그런 그녀를 앉혀 놓고는 몇 시간 동안 아주 정중하게 그녀의 삶 가운데 존재하는 죄를 알려 주었고, 내가 왜 그녀를 위해서 더 이상 기도해도 소용이 없는지를 설명해 주었다. 나는 그녀에게 고쳐야 할 점을 일러 주었다.

하지만 교만한 것에 대해서는 언급하지 않았다. 그녀 스스로 발견하기를 바랐기 때문이다. 그런데 그것이 내 실수였다. 그녀는 결코 교만을 버리지 않았다.

그녀는 자리에서 일어나서 코트를 입으며, 사람들이 있는 데도 불구하고 나를 향해 비명을 질러댔다.

"나는 죄가 없어요. 나는 그 누구보다도 의롭단 말이에요."

그런 상태로는 병 고침도, 남을 구원하는 일도, 다른 그 어떤 일도 일어나지 않는다.

그녀는 온갖 핑계들만 열거하면서 울며불며 난리를 쳤다. 아이를 낳기 위해서는 산고를 치러야만 한다.

-「욥의 기도」, 산드라 퀘린

 예화와 관련된 말씀

그는 교만하여 아무 것도 알지 못하고 변론과 언쟁을 좋아하는 자니 이로써 투기와 분쟁과 비방과 악한 생각이 나며(딤전 6:4).

여호와여 주는 겸손한 자의 소원을 들으셨사오니 그들의 마음을 준비하시며 귀를 기울여 들으시고(시 10:17).

21 교만하지 말라

어느 날 미국 나이아가라 폭포로 향하는 강의 지류에 커다란 얼음 덩어리가 떠내려 오고 있었다. 그런데 얼음 덩어리에는 동사한 양이 붙어 있었다. 그때 하늘에서 커다란 독수리 한 마리가 동사한 양을 발견했다.

독수리는 쏜살같이 내려와 발톱을 양털 깊숙이 박고 고기를 뜯어먹기 시작했다. '이게 웬 횡재냐' 하며 독수리는 죽은 양고기를 먹느라 점점 폭포가 가까워지고 있다는 사실도 잊고 있었다.

갈수록 폭포 소리가 우렁차지자 독수리는 옆을 한번 봤지만 걱정하지 않았다. '강력한 날개를 펴 창공에 날아오르면 그만이지 이런 폭포쯤이야.' 라고 생각했다.

낭떠러지에 이르러 독수리는 화려하게 날개를 펴고 날아오르려 했다. 그런데 날개를 아무리 펄럭여도 독수리는 날아오르지 못했다.

바로 양털 속에 깊이 박힌 발톱이 얼어서 빠지지 않은 것이다. 결국 독수리는 양의 시체와 함께 폭포에 떨어져 죽고 말았다.

쾌락에 중독이 되어 영혼이 죽는 줄도 모르면서 인생을 살아가는 사람들이 있다.

나는 아니라는 안일한 생각, 나는 마음만 바로하면 벗어날 수 있다는 교만, 바로 이것이 벗어날 수 없는 죽음의 사슬이 되고 만다.

우리가 이런 교만에 빠지지 않기 위해서는 주야로 하나님의 말씀을 읽고 기도해야 한다.

 예화와 관련된 말씀

겸손한 자는 먹고 배부를 것이며 여호와를 찾는 자는 그를 찬송할 것이라 너희 마음은 영원히 살지어다(시 22:26).

여호와여 주는 겸손한 자의 소원을 들으셨사오니 그들의 마음을 준비하시며 귀를 기울여 들으시고(시 10:17).

22 | 성자의 이름을 가진 교만

1990년대 후반에 TV 드라마를 각색한 〈세인트〉(The Saint)라는 영화가 크게 히트한 적이 있었다.

그 영화에서는 미남 배우가 등장해 산업스파이이자 정보 도둑으로 활약했다. 그는 러시아 특전대원, 코를 킁킁대며 냄새를 맡는 기자, 신비로운 시인, 여자처럼 나긋나긋한 사무원 등 여러 인물로 바뀌는 '변장의 귀재'로 나왔다. 그는 산업스파이를 위해 끊임없이 변장했다.

그런데 그는 항상 성자(聖者)의 이름을 도용했다. 그의 변장술은 너무나 정교하고 완벽해 그를 쫓는 사람들은 물론이고 친한 사람들까지도 꼼짝없이 속고 말았다.

어떤 장면에선가 그는 오랫동안 자신을 집요하게 추적하는 사람의 옆 자리에 앉아 그 추적자를 똑바로 쳐다보며 질문까지 던진다. 그래도 추적자는 옆 자리에 앉은 사람의 정체에 대해 알지 못한다. 교만의 모습이 바로 이렇다. 교만은 성자의 이름을 하고, 군중 틈에 섞여 추적자에게 발각되지 않으며, 항상 교묘하게 변장한 채 등장한다.

교만은 복사본을 원본이라고 속여 팔기 위해 항상 애를 쓴다. 교만은 성자의 이름을 도용하는 도적이다.

그러나 하나님은 우리에게 원본을 제공하신다. 그분은 우리를 안팎으로 진정한 성자로 만들기를 바라신다. 그렇다면 우리는 겸손해야 한다.

-「열렬함」, 마크 부캐넌

예화와 관련된 말씀

악한 자가 교만하여 가련한 자를 심히 압박하오니 그들이 자기가 베푼 꾀에 빠지게 하소서(시 10:2).

악인은 그의 교만한 얼굴로 말하기를 여호와께서 이를 감찰하지 아니하신다 하며 그의 모든 사상에 하나님이 없다 하나이다(시 10:4).

23 | 네 강의 자랑

네 개의 강이 서로 자기의 업적을 자랑하고 있었다.

먼저 나일 강이 긴 목을 빼고 거만스럽게 말했다.

"나는 매일 4000마일 이상을 여행한단다. 나보다 더 긴 강은 없을 걸."

그러자 다뉴브 강이 입을 삐죽였다.

"나는 매일 무거운 짐을 나르고 있지. 내 품에 안긴 저 수많은 배들을 좀 보렴."

옆에서 조용히 듣고 있던 갠지스 강이 점잖게 타일렀다.

"이 어리석은 친구들아. 나를 좀 보라구. 사람들은 이 거룩한 물에 몸을 씻기 위해 몰려들고 있어. 사람들의 죄를 씻어주는 내가 최고의 강이 아닌가?"

세 강의 다툼을 지켜보던 작은 개울이 말했다.

"나는 자랑할 것이 없어요. 다만 저는 비가 오면 그것을 저장했다가 논밭으로 흘려보내지요. 그것으로 논밭에는 풍성한 열매가 맺히고 굶주린 사람들을 돕는 답니다. 저는 단지 물을 흘려보내는 작은 강입니다."

사랑은 작은 개울과 같다. 사랑은 자랑하지 않는다. 조용히 남에게 유익을 준다. 우리의 자랑은 무엇인가?

바울은 예전에 자기의 자랑으로 삼았던 모든 것을 잃어버리기를 원했고 배설물로 여겼다.

그럼으로써 바울은 예수 그리스도를 얻기를 간절히 원했다. 예수 그리스도만이 능력이고 예수 그리스도만이 모든 자랑의 원천이기 때문이다.

예화와 관련된 말씀

사랑은 오래 참고 사랑은 온유하며 시기하지 아니하며 사랑은 자랑하지 아니하며 교만하지 아니하며(고전 13:4).

24 | 엄마의 최우선 관심

여름 뜨거운 7월 어느 날.

미국 코네티컷주 스탬퍼드 시의 소방대원들이 차 주인의 격렬한 반대에도 불구하고 차안에 갇혀 있는 두 살 된 아기를 구하기 위해 차창을 부셔야 했다.

엄마가 아기와 차 열쇠를 차안에 둔 채 잠가버리고 나온 것이다. 어린 아들은 벌써 20분 이상 찜통 같은 더운 날씨에 차안에서 고통스러워하고 있었다.

그런데도 그 엄마는 소방대원들에게 자기가 집에 가서 여분의 차 열쇠를 가져올 터이니 제발 자동차 창문을 부수지 말라고 간청했다는 것이다.

엄마의 자동차는 유럽제 고급 아우디 A4형이었다. 전문가들은 바깥 기온이 섭씨 31도인 상태에서 아기가 20분 이상 차안에 있으면 생명이 위험하다고 지적했지만, 엄마는 아기의 생명보다 고급차가 더 걱정되었던 것이다.

아기는 구조됐으나 엄마는 후에 무모한 위험 유발 죄로 법정에 서야 했다.

아기의 생명은 생각하지 않고 고급 자동차 창문이 더 중요하다고 생각한 엄마의 물질 우선주의가 우리의 모습은 아닌지.?

우리는 안목의 정욕과 이생의 자랑을 경계해야 하겠다.

예화와 관련된 성경 말씀

그는 교만하여 아무 것도 알지 못하고 변론과 언쟁을 좋아하는 자니 이로써 투기와 분쟁과 비방과 악한 생각이 나며(딤전 6:4).

이는 세상에 있는 모든 것이 육신의 정욕과 안목의 정욕과 이생의 자랑이니 다 아버지께로부터 온 것이 아니요 세상으로부터 온 것이라(요일2:16).

25 | 부활 찬송과 루이 14세

 프랑스 황제 루이 14세 때에 있었던 일이다.
 그는 "짐이 곧 국가다." 라고 외치면서 베르사이유 궁전을 완성하고 프랑스 권위를 만방에 널리 떨쳤다. 그러나 그는 가톨릭 성도로서 신교를 방해하는 데 앞장섰다.
 그는 신앙의 자유를 인정하지 않고 박해의 손길을 뻗쳐 칙령 거역죄로 세오졸프라는 사람을 체포하여 파리탑의 감옥에 감금했다.
 때마침 부활절이 되어 루이 14세는 황제의 복장을 갖추고 호화찬란한 부활절 행렬대를 거느리고 파리 시가를 행진하였다.
 높은 감옥의 탑 위에서 이 행렬을 바라본 세오졸프는 하늘의 영감을 받아 부활절 찬송을 힘차게 부르기 시작했다.
 "할렐루야 우리 예수 부활 승천하셨다. 세상사람 찬양하니 천사 화답하도다."
 이렇게 찬송이 울려 퍼지는 가운데 황제는 발걸음을 멈추고 귀를 기울여 들었다. 이 찬송 소리는 의기양양하게 행진

해 가던 루이 14세의 양심을 때렸다.

부활하신 주님이 "왕 중 왕"이 되신다는 사실이 그를 겸손하게 만들었다.

황제는 부활 축제 행렬을 세우고 감옥으로 들어가 세오졸프의 손을 잡았다.

그리고는 자신의 잘못을 빌고 그를 석방하여 자유인이 되게 하였다.

 예화와 관련된 성경 말씀

여호와께서는 자기 백성을 기뻐하시며 겸손한 자를 구원으로 아름답게 하심이로다(시 149:4).